武术专项体能训练方法研究

宋红红◎著

吉林出版集团股份有限公司
全国百佳图书出版单位

图书在版编目（CIP）数据

武术专项体能训练方法研究 / 宋红红著. -- 长春：
吉林出版集团股份有限公司, 2023.1
ISBN 978-7-5731-2830-0

Ⅰ.①武… Ⅱ.①宋… Ⅲ.①武术—运动训练—研究
—中国 Ⅳ.①G852.02

中国国家版本馆CIP数据核字(2023)第035038号

武术专项体能训练方法研究

WUSHU ZHUANXIANG TINENG XUNLIAN FANGFA YANJIU

著　　者　宋红红
出 版 人　吴　强
责任编辑　马　刚
装帧设计　张啸天
开　　本　710 mm × 1000 mm　1/16
印　　张　9
字　　数　150千字
版　　次　2023年1月第1版
印　　次　2023年8月第1次印刷

出　　版　吉林出版集团股份有限公司
发　　行　吉林音像出版社有限责任公司
　　　　　（吉林省长春市南关区福祉大路5788号）

电　　话　0431-81629667
印　　刷　吉林省信诚印刷有限公司

ISBN 978-7-5731-2830-0　　定　　价　48.00元

如发现印装质量问题，影响阅读，请与出版社联系调换。

前　言

　　中华武术融合了中国古代哲学、古代伦理学、古代医学等思想，具有独特的魅力。在中国历史上，中华武术作为中华民族文化遗产，凭借自身的魅力以不同的形式、功能被延续与传承，获得了长远的发展。武术既是中国传统体育竞技项目之一，同时也是强身健体的重要方式，更是中华优秀传统文化的重要组成部分。武术运动以格斗技击为主，兼顾内部涵养与外部表现，参与武术运动需要手、眼、身、法、步的密切配合，突出个人精神风貌。体育运动对人的肌肉力量、关节韧带柔韧性、肢体协调性及身体控制性都具有较高要求，因此体能训练对武术素养的发展具有重要意义。

　　本书立足于武术体能训练实际，从科学体能训练概述入手，具体分析了力量素质训练、速度与耐力素质训练以及灵敏与柔韧素质训练，并对武术运动员专项训练进行了梳理与总结。希望通过本书的介绍，能够为读者在武术专项体能训练方面提供参考与借鉴。

　　在写作过程中，笔者参阅了相关文献资料。由于水平有限，书中难免存在疏漏之处，希望广大读者批评指正，并衷心希望同行不吝赐教。

著　者

2022 年 11 月

目　录

第一章　科学体能训练概述 ………………………………………… 1

　第一节　体能训练的要求 ………………………………………… 1

　第二节　体能测试与评估 ………………………………………… 3

第二章　力量素质训练 ……………………………………………… 14

　第一节　力量素质概述 …………………………………………… 14

　第二节　力量素质训练的影响因素 ……………………………… 17

　第三节　力量素质训练的基本方法 ……………………………… 22

　第四节　力量素质训练的注意事项 ……………………………… 48

第三章　速度与耐力素质训练 ……………………………………… 53

　第一节　速度素质理论与训练方法 ……………………………… 53

　第二节　耐力素质理论与训练方法 ……………………………… 69

第四章　灵敏与柔韧素质训练 ……………………………………… 88

　第一节　灵敏素质训练 …………………………………………… 88

　第二节　柔韧素质训练 …………………………………………… 99

第五章　武术运动员专项训练 ……………………………………… 117

　第一节　拳功训练 ………………………………………………… 117

　第二节　腿功训练 ………………………………………………… 126

参考文献 ……………………………………………………………… 134

第一章　科学体能训练概述

第一节　体能训练的要求

一、体能的本质

科学体能训练的核心内容就是通过科学合理的训练,在维护练习者健康的前提下,提高其体能水平,并尽可能减少运动性伤病和延长运动寿命。

(一)体能与体能训练

1.体能的概念

体能是指人体各器官系统的机能在各种运动中所表现出来的能力。体能包括两个层次:一个是基础体能,它包括维护生命基本活动、预防疾病、疲劳恢复以及日常生活工作所需的体能;另一个是竞技体能,主要是指在竞技比赛中使用出来的体能大小。与体能密切相关的有以下三个方面的要素。

第一,体能与适应能力的关系。人体对自然环境的突然变化的适应能力也是刺激机体的一个因素,为了适应气候的变化,也要进行一定时间的训练。

第二,体能与运动素质的关系。当人体进行运动活动时,人体的各个器官为了适应外界的变化进行协作性工作,此时运动刺激了身体器官产生变化,使得人们的运动素质增强。

第三,体能与心理要素的关系。心理因素也是体能的一部分。在进行体能活动时,我们的肌肉活动要受到大脑的控制,而心理也是影响大脑的一个因素。

综上所述,体能的具体定义为:人体各器官系统的机能在大脑控制下的身体(肌肉)和心理(神经)活动中所表现出来的主动与被动的能力,它是机体对外界刺激或外界环境适应过程所表现出来的综合能力。

2.体能训练的概念

体能训练是运用科学的运动负荷刺激等手段,促使人的身体形态和技能产生适应性变化,以提高人体适应环境运用需要的能力的训练。

体能的三个构成要素分别是身体形态、身体机能、运动素质,而体能训练正是以提高体能为目的,以发展各种运动素质作为主要目标。

(二)体能训练的内容

1.一般体能训练

一般体能训练是指为了提高机体各器官系统机能、全面发展运动素质,为能在运动中取得理想的成绩或达到某一训练目标,而进行的一种非专项能力体能训练。一般体能训练是保证身体健康的有效方法。

2.专项体能训练

专项体能训练可以很大程度地发展专项素质,让人们在运动过程中能够非常顺利和有效地掌握专项技术的技能。专项体能训练的内容项目很多,每个项目之间都各有不同。

二、体能训练的要求

体能训练的要求有以下几点。

1.训练要突出重点

在进行专项训练及比赛时,首先要奠定全面发展的体能素质基础,以利于专项训练的深化发展。在全面发展的同时,也要因人而异、因地制宜、有所侧重,根据个人具体情况和专项比赛的需要,进行有针对性的训练。

2.紧密结合运动专项特点

体能训练应紧密结合所学运动项目的技术和战术进行,使之能够在比赛中通过技术和战术的形式充分地发挥出来。体能训练手段的选择和运用是使体能训练与技术、战术训练紧密结合的关键,专项体能训练的内容安排和训练手段的选用,不仅要突出专项特征,在表现形式上尽量与专项技术动作或战术动作相一致,而且要充分考虑身体练习的生物力学等特征,使训练效果和比赛成绩得到切实提高。

3.训练要有系统的评价系统

训练者的身体运动能力要经常进行测验,评定体能训练是否达到了预期目标、运动素质或机能水平是否达到了目标要求,找出体能训练系统的不足之处并加以完善。

第二节　体能测试与评估

体能的测试与评估主要包括以下八个方面的测试与评估。

一、柔韧性测试

良好的柔韧性可以增加关节活动幅度,进而提高运动水平;良好的柔韧性也可通过减少肌肉、骨骼系统的损伤来提高运动水平。因此,测量运动员的柔韧性是体能测试与评估中的一项重要内容。

(一)坐位体前屈

本测定法测定股后肌群和腰背肌群的柔韧性,股后肌群柔韧性和弹性不够是造成运动性腰背受伤的主要原因之一,也会导致运动员速度和柔韧性缺陷、肌肉劳损。

测试所用的设备包括坐位体前屈专用测试木箱或者使用卷尺和一个 30 cm 高的箱子。

第一,面对箱子光脚平坐,双脚底紧贴箱体。

第二,双手放于箱子上,掌心向下,身体尽可能前倾,双膝伸直紧贴地面,缓慢向前拉伸。

第三,进行三次拉伸,每次维持 2 s,测量指尖到达位置超出双脚的长度,即为测试成绩。

(二)肩部柔韧性测试

肩部柔韧性是体能测试的一个重要指标,某些运动员通过反复训练,肩部肌群会变得很健壮,但同时也会变得很紧张。为了评估自身的缺陷,运动员应该定期进行健康检查,测量肩部的活动范围。

第一,平躺于治疗台上,向上抬右侧手臂90°,并弯曲肘关节呈90°。如果站立位测试,则指尖指向天花板。

第二,上臂保持不动,用力向后旋转即外旋肩部。保持该姿势,由检查人员使用角度计测量外展的角度。

第三，用力向前旋转即内旋肩部。保持该姿势，由检查人员使用角度计测量内旋的角度。

第四，在测量过程中，检查人员应该轻轻扶住肩前部，稳定住肩胛骨，尽量减少测量的误差，但结果仍需进行记录。

第五，计算完全关节活动度（内旋的角度加上外旋的角度）。

第六，换另一侧肩，重复测试。

二、最大肌肉力量测试

评估运动员的基础力量水平是体能测试中的一项重要内容。最大肌肉力量测试是在较低速度下进行，可以反映出运动员在竞技体育中身体的基本力量能力。

（一）深蹲

深蹲是几乎所有运动项目的运动员都需要进行测试的基本力量指标。深蹲时用力主要是依靠下肢肌群，但同时要求身体核心区域肌肉的稳定和支撑，属于结构性力量，反映了运动员最基础的下肢力量大小。

第一，运动员先进行一些热身运动，如做几组中等负荷和几组较大负荷的深蹲。

第二，正式开始测试，运动员需要选择一个合适重量的杠铃放于背部，双手握住杠铃杆，两脚稍向外打开，在测试过程当中要保持双脚的稳定支撑。杠铃两端需要有经验的测试人员进行保护。

第三，运动员按照标准规范举起杠铃，休息一小段时间后增加一定的重量进行下一次测试，直到达到运动员所能举起的最大重量为止并记录这个最大重量。

（二）平板卧推

卧推是几乎所有运动项目的运动员都需要进行测试的基本力量指标。卧推主要用力是依靠上肢肌群，但同时要求身体核心区域肌肉的稳定和支撑，反映了运动员最基础的上肢力量大小。

测试设备包括标准杠铃1套（最小配重为2.5 kg）、稳定的卧推架1套、安全的测试环境。测试程序包括以下四步：

第一,运动员首先进行热身运动,先进行几组中等负荷和较大负荷的卧推。

第二,正式开始测试,运动员需要选择一个合适重量的卧推架,然后平稳地躺在卧推架的长椅上,后脑、肩背部、腰臀部、右脚、左脚五点要稳定地支撑在长椅和地面上,身体在长椅上的位置要调整到眼睛正好在杠铃杆正下方,双手正握,闭合式抓杠,握距略宽于肩。

第三,运动员将杠铃平稳地从卧推架上取起,肘关节伸直,然后肘部慢慢弯曲,向下移动杠铃,直到杠铃微微触到胸部为止。向上用力推起杠铃,直到肘关节完全伸直,推起时始终保持身体与长椅和地面稳定的"五点支撑"。

第四,运动员按照标准规范举起杠铃,休息一小段时间后增加一定的重量进行下一次测试,直到达到运动员所能举起的最大重量为止并记录这个最大重量。

三、爆发力测试

爆发力是人体神经肌肉系统通过肌肉快速收缩来克服阻力的能力。爆发力与力量和速度均呈正向相关。爆发力是体能测试中要评估的一个重要内容。

(一)垂直纵跳

垂直纵跳测试主要测试下肢爆发力,包括力量和速度,对很多运动项目来说这都是非常有效的测试。

测试设备包括粉笔、卷尺、墙面或者专用纵跳测试器。测试程序包括以下四步:

第一,运动员面墙站立,双手扶墙,双脚平放在地面上。同伴用粉笔在墙上标记出指尖的位置,该点为运动员的起始高度。

第二,用粉笔涂抹右手指尖,侧立于墙壁。

第三,原地膝关节弯曲尽力向垂直方向纵跳,到达最高点用手触碰墙壁,留下粉笔标记。

第四,至少进行 2 次测试,测量出最高标记的高度,即为跳跃高度。

(二)上步垂直纵跳

本测定方法测定腿部力量,以及将水平动量转化为垂直力量的能力。

测试设备包括粉笔、卷尺、墙面或者专用纵跳测试器。测试程序包括以下四步:

第一,运动员面墙站立,双手扶墙,双脚平放在地面上,同伴用粉笔在墙上标记出指尖的位置,该点即为运动员的起始高度。

第二,用粉笔涂抹右手指尖,侧立于墙壁。

第三,向后跨出距起跳点一步的距离,测试时向前迅速跨上一步,尽力向垂直方向纵跳,到达最高点用手触碰墙壁,留下粉笔标记。

第四,至少进行 2 次测试,测量出最高标记的高度,即为跳跃高度。

(三)三步蛙跳

本测定方法测定运动员的下肢连续跳跃力量和协调性。

测试设备包括卷尺、平坦的场地。

第一,两脚自然平行开立在起跳线后,脚尖不得踩线,原地两脚同时起跳同时落地,用力向前跳跃 3 次,跳跃时尽量保持动作的连贯和稳定。

第二,用卷尺测量起跳线到后脚跟着地处的距离。

(四)杠铃高翻

杠铃高翻是测试运动员爆发力的经典方法,测试动作动用全身 95 ％以上的骨骼肌,需要下肢、核心区域、上肢的协调用力才能顺利完成动作。但是,由于本测试技术要求非常高,必须在有专业体能教练指导下才能进行测试,而测试者也需要有一定的训练基础,并且能熟练掌握杠铃高翻的技术动作。

测试设备包括标准杠铃 1 套(最小配重为 2.5 kg)、安全的测试环境。测试程序包括以下四步:

第一,运动员先进行一些热身运动,如做几组中等负荷和几组较大负荷的高翻活动。

第二,正式开始测试,运动员双腿开立,重量平分在两脚上,两脚间距大约与肩同宽,身体下蹲,双手闭合式正握杠铃,握距略宽于肩,双臂置于两膝关节外侧,肘关节伸直;双脚平稳站立,杠铃杆位于脚的上方,距离胫骨 3 cm 左右。

第三,快速蹬伸髋部、膝部和脚踝,将杠铃提离地面,同时爆发性耸肩,将杠铃向上拉起,躯干保持直立或者微微后仰,身体完全伸展。

第四,利用爆发式提拉杠铃向上的惯性,身体下沉,膝关节稍稍弯曲,当上肢转至杠铃下方时,立即抬肘,使上臂与地面平行,将杠铃平稳地横架于锁骨与三角肌前部上面。

（五）前抛实心球

前抛实心球测试主要用于评估运动员全身协调爆发式用力的能力。

测试设备包括 3 kg 实心球、卷尺、宽阔平坦的场地。测试程序包括以下三步：

第一，将卷尺拉出一段长度，将其两端用胶布固定并在卷尺的起始端用胶布做上记号。

第二，运动员双脚打开站在测试线后面，双手和实心球自然下垂。

第三，测试时，运动员迅速将实心球上摆过头顶，充分伸腰展腹，使身体成"反弓"姿势，然后迅速收腹的同时利用上肢的协调爆发式用力将实心球抛出。

（六）跪姿前推实心球

跪姿前推实心球测试主要用于评估运动员的爆发力。

测试设备包括 3 kg 实心球、卷尺、宽阔平坦的场地。测试程序包括以下四步：

第一，将卷尺拉出一段长度，将其两端用胶布固定并在卷尺的起始端用胶布做上记号。

第二，运动员跪在标志线的泡沫垫上，面对投掷方向，后背挺直，胸部面对抛球路线，两腿平行且脚背朝下。

第三，双手握住一个 3 kg 的实心球，然后举过头顶，两臂伸展。

第四，将臀部向脚跟的方向后移，充分伸腰展腹，使身体呈"反弓"姿势，然后迅速收腹的同时利用上肢的协调爆发式用力将实心球从胸前沿着与地平面 $30°$～ $40°$ 的角度向前推出。

（七）后抛实心球

后抛实心球测试主要用于评估运动员的身体协调爆发式用力的能力。

测试设备包括 3 kg 实心球、卷尺、宽阔平坦的场地。测试程序包括以下五步：

第一，将卷尺拉出一段长度，将其两端用胶布固定并在卷尺的起始端用胶布做上记号。

第二，运动员站在测试线后，双脚打开，双手持实心球于身体前方并且背对投掷方向。

第三，测试时，运动员双臂伸直持球体前屈呈深蹲姿势，下摆实心球至小腿间并接近地面,迅速蹬腿、挺身、挥臂,向身体后上方利用协调爆发式用力沿着与地平面30°～40°的角度向后抛出实心球。

第四,身体环节的用力顺序自下而上,避免只用背肌或上肢发力。

第五,再次进行测试,测量球落点与标志线的垂直距离,取多次距离当中的最好成绩。

四、速度能力测试

速度能力是在特定动作中应用爆发力的标志,速度能力测试包括以下几种。

(一)20 m(30 m)冲刺跑

冲刺跑主要测试运动员的启动速度能力,根据项目不同,选择的距离可能会略有不同。比如,篮球、手球等项目可能会选择20 m测试,橄榄球、足球、棒球等项目可能会选择30 m测试。

测试设备包括电子计时系统(或者秒表)、平坦开阔的测试场地。测试程序包括以下两步:

第一,在运动场地上标记起跑线,相距20 m处标记终点线。

第二,采用站立式或半蹲踞式起跑。

(二)软梯正向快速步伐测试

软梯正向快速步伐测试主要测试运动员的动作速度。

测试设备包括电子计时系统(或者秒表)、10格标准软梯(每格为边长50 cm的正方形)、标志盘、平坦开阔的测试场地。测试程序包括以下四步:

第一,在球场或运动场地上放置好软梯,以软梯的一端作为起点,距离软梯另一端5 m处,摆放标志盘并做好终点标志线。

第二,运动员面对软梯站在软梯的起点处,听到"开始"的口令后,开始启动,用一只脚踏入软梯的第一格,紧接着另一只脚也踏入软梯的第一格,然后用一只脚再踏入软梯第二格,另一只脚也随即踏入第二格,依次跑完软梯并全力加速跑过终点线。

第三,如果运动员在测试过程中出现踩软梯横线或踢乱软梯的现象,必须重新进行测试。

第四,间歇1 min以上再次进行测试;测试2次,取最好成绩。

(三)软梯侧向快速步伐测试

软梯侧向快速步伐测试主要测试运动员的侧向动作速度。

测试设备包括电子计时系统(或者秒表)、10格标准软梯(每格为边长50 cm的正方形)、标志盘、平坦开阔的测试场地。测试程序包括以下五步:

第一,在球场或运动场地上放置好软梯,以软梯的一端作为起点,距离软梯另一端5 m处,摆放标志盘并做好终点标志线。

第二,运动员面对软梯站在软梯的起点处,听到"开始"的口令后,开始启动,侧向移动踏进软梯,用一只脚踏入软梯的第一格,紧接着另一只脚也踏入软梯的第一格,然后用一只脚再踏入软梯第二格,另一只脚也随即踏入第二格,依次跑完软梯并立即转身正向全力加速跑过终点线。

第三,计时器从运动员起跑瞬间开始计时,身体越过终点线时停止。

第四,如果运动员在测试过程中出现踩软梯横线或踢乱软梯的现象,必须重新进行测试。

第五,间歇1 min以上再次进行测试;测试2次,取最好成绩。

(四)软梯正向进进出出步伐测试

软梯正向进进出出步伐测试主要测试运动员的动作速度和协调性。

测试设备包括电子计时系统(或者秒表)、10格标准软梯(每格为边长50 cm的正方形)、标志盘、平坦开阔的测试场地。测试程序包括以下五步:

第一,在球场或运动场地上放置好软梯,以软梯的一端作为起点,距离软梯另一端5 m处,摆放标志盘并做好终点标志线。

第二,运动员面对软梯站在软梯的起点处,听到"开始"的口令后,开始启动,当启动脚跨过横杆后,另一只脚快速跟进跨过横杆,接着一只脚立即向该格侧向跨出软梯,另一只脚向另一个侧向跨出软梯,用脚再次向前跨越横杆,踩入第二格内,重复上述动作依次跑完软梯并全力加速跑过终点线。

第三,计时器从运动员起跑瞬间开始计时,身体越过终点线时停止。

第四,如果运动员测试过程中出现踩软梯横线或踢乱软梯的现象,必须重新进行测试。

第五,间歇1 min以上再次进行测试;测试2次,取最好成绩。

(五)软梯倒向进进出出步伐测试

软梯倒向进进出出步伐测试主要测试运动员的动作速度和协调性。

测试设备包括电子计时系统(或者秒表)、10 格标准软梯(每格为边长 50 cm 的正方形)、标志盘、平坦开阔的测试场地。测试程序包括以下两步:

第一,在球场或运动场地上放置好软梯,以软梯的一端作为起点,距离软梯另一端 5 m 处,摆放标志盘并做好终点标志线。

第二,运动员背对软梯站在软梯的起点处,听到"开始"的口令后,开始启动,身体向后移动,当用脚跨过横杆踩入第一个格子后,另一只脚快速跟进踩入第一个格子,一只脚立即向该格倒向跨出软梯,另一只脚向另一个倒向跨出软梯,用脚再次向后跨入横杆第二个格子内,重复上述动作依次跑完软梯,并立即转身全力加速跑过终点线。

(六)两栏快速脚步测试(10 s)

本测试用于评定运动员的动作速度,由于技术要求非常高,必须在有专业体能教练指导下才能进行测试,而测试者也需要有一定的训练基础,并且能熟练掌握连续过栏的技术要领。

测试设备包括秒表、2 个 18 cm 高的栏架、宽阔平坦的场地。测试程序包括以下三步:

第一,将两个栏架平行摆放在平坦的地面,距离为 50~80 cm。

第二,运动员侧对栏架,一只脚站在栏架的外侧,一只脚站在两栏之间,当听到"开始"口令时,运动员高抬腿依次过栏。

第三,当右脚跨过第二栏架着地后,便开始向左跨,当左脚跨过第二栏架着地后,便开始向右跨。依次重复进行。

五、灵敏性测试

灵敏性测试包括以下几种。

(一)T 形测试

T 形灵敏测试是美国国家体能协会推荐的经典灵敏性测试方法,适用于多种运动项目。

(二)箭头跑测试

箭头跑测试很好地反映了运动员的灵活性、身体控制能力及改变方向的能力，也适用于很多球类项目。

(三)阿贾克斯折返跑测试

阿贾克斯折返跑测试很好地反映了运动员的灵活性、身体控制能力及改变方向的能力，也适用于很多球类项目。

(四)蜘蛛拉网跑测试

蜘蛛拉网跑测试很好地反映了运动员的灵活性、身体控制能力及改变方向的能力，也适用于很多球类项目。

(五)伊利诺斯灵敏性测试

伊利诺斯灵敏性测试很好地反映了运动员改变运动方向及控制重心的能力，适用于很多球类项目。

六、有氧耐力测试

有氧耐力指运动员利用能源物质的有氧氧化供能所能提供的最大供能速率。最准确的有氧耐力测试是通过在实验室的跑台上进行递增负荷跑，但这种测试需要的实验仪器条件很高，不便于普及和推广，因此有氧耐力测试通常由一些标准的有氧运动成绩来推算。

(一)12 min 跑测试

12 min 跑测试是美国运动医学协会推荐的有氧耐力经典测试方法，此方法便于操作和推广，测试结果稳定，并可以推算运动员的相对最大摄氧量。

测试设备包括秒表、标准 400 m 田径场。测试程序包括以下两步：

第一，在标准 400 m 跑道上，运动员以稳定的速度尽力跑 12 min，12 min 内完成的跑动距离为测试成绩，精确到 10 m。

第二，根据测试成绩可推测运动员的最大摄氧量。

(二)YOYO 测试

YOYO 测试为间歇性耐力测试,本测试方法主要用于测定球类运动员的有氧耐力。

测试设备包括大功率音乐播放设备、YOYO 音乐、平坦开阔的场地。测试程序包括以下四步:

第一,在距离 20 m 的场地两端用标志盘做好标记,准备好设备和 YOYO 专用音乐。

第二,运动员做好充分的准备活动后,站在 20 m 场地的一端开始准备测试。

第三,运动员在距离为 20 m 的两个标志物之间,根据播放的口令和节奏,不断增加速度进行带有间歇的往返跑。队员在测试中完成尽可能多的跑动距离。

第四,记录运动员完成的等级和在此等级内完成的往返次数,然后按照规定可推算运动员的最大摄氧量。

七、肌肉耐力测试

肌肉耐力测试程序包括以下两步:

第一,运动员仰卧屈膝,双臂交叉,两手放于肩上,由同伴压住其双脚。

第二,听到开始的口令后,运动员在 1 min 内尽快完成标准的仰卧起坐,记录 1 min 内运动员完成的仰卧起坐个数。

八、稳定性测试

稳定性测试有如下两种。

(一)闭眼单脚站立测试

本测试方法是一个非常简便、易于多次重复测试的方法。

测试设备包括秒表。测试程序包括以下两步:

第一,运动员双臂交叉,两手放于肩上,以单脚站立,另一只脚抬起。

第二,听到"开始"的口令后,运动员闭上双眼,尽量保持身体的稳定,运动员将脚离开原地,或者抬起脚触及地面,测试结束,记录时间。

(二)身体俯卧平板支撑测试

身体俯卧平板支撑测试是一项对核心稳定性力量的主观性测试方法。其目标是主观评估运动员的核心稳定性力量。

测试设备包括秒表、平坦开阔的场地。测试程序包括以下三步:

第一,像做俯卧撑一样趴在地面上,胳膊弯曲90°,胳膊肘抵住地面,肩关节与肘关节均呈90°,脚尖点地,全身只有前臂和脚尖与地面接触。

第二,测试时,核心肌群收紧,髋部与躯干保持上提状态,身体处于同一平面内,以迫使核心肌肉得到充分刺激。

第三,按照要求做好测试动作,待保持稳定状态后,开始计时1 min,教练要观察运动员的身体是否有某一部分偏离初始位置。主要观察运动员测试过程中是否有以下方面变化:髋部没有保持伸展发生向上或向下移动,重心过于向肩关节偏移,身体向两侧发生倾斜。

身体俯卧平板支撑测试是核心力量训练的一种重要方法。

第二章　力量素质训练

第一节　力量素质概述

一、力量素质的概念

人体在任何运动中都离不开肌肉的收缩力量,它会维持人体的基础生活能力。力量在人体中可以分为内力和外力,内力是人体神经肌肉系统活动时对抗和克服外力的能力。外力是因外阻力而引起的力,如克服重力、摩擦力等。

力量是身体素质的一种。所谓的力量素质是人体获得身体某部分肌肉在工作时克服阻力的能力。在人体参加运动时,所指的力量素质是肌肉力量,即机体完成动作时肌肉收缩对抗阻力的能力。力量素质主要是通过肌肉的工作形式表现出来的,如肌肉在工作时要克服的阻力有内部阻力和外部阻力。外部阻力包括摩擦力、物体重量和空气阻力等。内部阻力是指肌肉间的对抗力、肌肉的黏滞性等。决定肌肉力量的因素主要有以下三种:①完成动作时肌肉群收缩的合力;②肌肉群收缩的协调能力;③骨杠杆的机械率。

从上述内容中看出,力量源于肌肉。从正常成年男女的肌肉占体重百分比知:男性约为 43.5 %,女性约为 35 %。而经常参加力量性运动项目的男子百分比为 45 %以上。因此,力量是提高运动能力的基础,力量素质则是衡量运动训练水平的重要指标之一。

二、力量素质的分类

根据一些运动项目对力量素质的不同要求以及力量的表现形式不同,可将力量素质分为几种类型。

(一)按照力量和体重关系分类

1.绝对力量

绝对力量是指在不考虑运动员体重时,运动员所能发出的最大力量。通常体重较重的运动员绝对力量要大于体重较轻的运动员。

2.相对力量

相对力量是指运动员相对于体重而言能够发出的最大力量。也就是说,运动员的相对力量等于绝对力量除以体重。因此,在进行力量训练时,运动员适当地减轻体重,能够增加运动员的相对力量值。尤其是针对一些移动身体体重的运动项目,如跳远、跳高等,相对力量就显得非常重要。

(二)按照力量的表现分类

1.快速力量

快速力量是指人体神经肌肉系统通过肌肉快速的收缩来克服阻力的能力。快速力量以速度和加速度的形式表现出来。快速力量对需要"爆发性"用力的运动项目的成绩起决定性的作用。

快速力量的机制是经神经肌肉系统通过反射活动、肌肉弹性成分和收缩成分之间的协调来接受和对抗外界施加的快速负荷。收缩力量和收缩速度同时参与进肌肉产生快速力量的机制内,神经反射活动和肌肉弹性成分通过复杂协调,共同参与。

(1)弹跳力

弹跳力是神经肌肉系统在触地前瞬间被拉长,然后在自动(触地)转化为缩短的过程中,以非常高的加速度向相反的方向运动,而使身体产生跃起的能力。通常是指运动过程中迅速改变运动方向时,肌肉克服阻力产生最大负加速度的能力。

(2)爆发力

爆发力是弹性力量的一个组成部分,是神经肌肉系统以最短的时间和最大的加速度爆发出最大的肌肉力量的能力,它利用肌肉的弹性性能在爆发时的极短暂的肌肉预拉长(大约为原肌肉长度的 5 %)瞬间产生弹性能,大约 150 ms 就可达到最大值,并迅速向相反方向用力收缩,通常用力的梯度和冲量来表示。

(3)起动力

起动力是指肌肉收缩 50 ms 内达到最大力值的能力。起动力是弹性力量中收缩时间最短的力,也是一种表现在必须对信号做出快速反应的运动项目上的一种力量能力。

2.最大力量

最大力量是指肌肉通过最大随意收缩抵抗无法克服的阻力过程中所表现出的最高力值。最大力量取决于传入肌肉的神经冲动的强度和频率,同时还取决于肌肉收缩的内协调能力和关节角度的变化。对于一些参加竞技运动的人来说,最大力量并不是固定不变的,它处于一个动态过程中,因此每个运动者都有发掘自身最大力量极限的潜力。

3.力量耐力

力量耐力是指有机体耐受疲劳的能力,它的主要特征是持续表现出一种较高能力。在很多运动项目中,对力量耐力的要求非常高,如划船、游泳、400 m 跑等。这些运动项目都需要在持续较长时间内克服阻力。

三、力量素质的意义

力量素质对参加运动项目和从事各种活动有很大的影响,是人体运动的基本素质,也是衡量一个人运动训练水平的重要指标之一,它的意义主要有以下几个方面。

(一)力量素质是运动的基础

我们所参加的各种运动项目都是通过主动器官带动被动器官进行工作完成的,主动运动器官主要以肌肉为主,被动器官主要是骨骼,通过各种负荷强度、收缩速度、持续时间的不同以带动骨骼进行移动,从而完成运动动作。如果没有肌肉的收缩和舒张而产生的力量牵拉骨骼进行运动,人们则连起码的行走和直立也不可能做到,更不要说完成运动技术动作了。人要想跳得高就必须要发展自己的弹跳素质,要想跑得快就必须要有很好的脚步后蹬力,因此力量素质是人体最基本的体能素质。

(二)力量素质促进其他素质的发展

任何身体素质都是通过肌肉的不同工作方式来体现的,力量是所有素质的基础。力量素质对速度素质的提高、耐力素质的增长、柔韧素质的发挥和灵敏素质的表现起到了决定性的作用。提高力量素质是因为肌肉的快速收缩,是以其力量为前提的。关于耐力素质的增长是因为从生活常识中可以得知,一个强壮有力的人总比体弱者能持续活动更长的时间。在力量、速度得到提高时,肌肉的弹性会相应增加,从而促进灵敏素质和柔韧素质的发展。

(三)力量素质的水平直接影响运动水平

力量素质的增长对于运动水平的提高有着直接的影响,它直接反映了运动技术掌握的快慢及运动成绩提高的程度。一些运动项目中的高难动作都是以一定的肌肉力量为基础的。在很多运动项目的技术中,力量和爆发力是决定运动成绩的重要因素,如田径运动等。除长距离跑的主要因素为耐力之外,其他运动项目的高水平运动成绩都与力量素质的发挥密切相关,尤其在投掷项目中更是如此。

(四)力量素质是衡量运动训练水平的重要指标

在运动训练实践过程中,力量素质是作为判断运动训练水平的一项重要指标,也可以通过运动员的力量素质判断其运动潜力,同时还可以作为运动员选材的依据之一。例如,在对体操运动员进行运动训练水平判断和选拔运动员时,其在完成各种动作技术的过程中,虽然要借助外力的作用,但是其自身协调用力也占有非常重要的一部分。因此,对力量素质的发展必须给予足够的重视,尤其是速度力量,往往作为选拔运动员的重要指标。另外,在一些球类运动中,突然地起动跑、跳跃、传球等都要求运动员具备良好的爆发性力量。因此,在选拔篮球队员和判断运动训练水平时,力量素质的测评是非常必要的。

第二节　力量素质训练的影响因素

力量素质训练的影响因素主要包括肌肉的形态结构、人体生长发育、中枢神经系统调节以及其他相关训练因素等。

一、肌肉的形态结构对力量素质的影响

(一)肌纤维的类型

骨骼肌纤维按不同的收缩特性可分为快肌和慢肌两类。快肌产生的收缩力

要大于慢肌。因此,在其他条件不变的情况下,机体骨骼肌中快肌纤维百分比越高的人,他的肌肉收缩力量越大。一般情况下,人体肌肉的快肌纤维与慢肌纤维的百分比构成大致相等,另外,受到遗传因素的影响,有的人肌肉中的白肌纤维比例大,有的人则红肌纤维比例较大。同一个人红白肌纤维的比例在不同部位也不同。参加肌肉收缩的肌纤维类型在不同负荷、以不同动作速度进行运动的条件下也不同。一般规律是,在一定负荷强度下用较慢的速度完成动作,红肌纤维起主导作用,如果是快速完成动作,则是白肌纤维起主导作用。

(二)肌肉的生理横断面

最大肌肉横断面积所指的是横切某块肌肉所有肌纤维所获得的横断面面积,肌肉的生理横断面为该肌肉所有肌纤维横截面的总和。横截面积是由肌纤维的数量及粗细决定的,通常用平方厘米表示。肌肉的生理横断面积决定了该肌肉的绝对肌力。在实验研究中发现,当机体在最大用力收缩时,每平方厘米横断面积的肌肉可产生 3~8 千克的力。因此,机体中肌肉的最大横断面积越大,肌肉的力量就越大,二者成正比。在力量训练中,虽然肌肉横断面积并不能完全解释机体力量所表现出的所有生理学现象,但是增大肌肉横断面积是提高肌肉力量的有效手段之一。

(三)肌纤维的支撑附着面

肌肉内结缔组织增多、肌腱与韧带组织增粗都会改变肌肉的附着面,对肌肉的收缩力量也会产生很大的影响。

(四)肌肉的初长度

肌肉收缩前的初长度也会影响肌肉力量。因为肌肉拉长时,肌梭将感知肌纤维长度变化而产生冲动,会提高肌纤维回缩力来对抗拉力,当长度拉到一定程度时将引起牵张反射,可提高肌力的发挥效率,所以在一定范围内,肌肉的初长度长或者肌肉弹性拉长后,肌肉收缩时所产生的张力和缩短的程度就越大。有研究证明,一个人的力量取决于肌肉的体积。肌肉体积的发展潜力又主要取决于个人的肌肉长度(指肌肉两头肌腱之间的长度)。肌肉的长度是先天遗传的,后天的训练对其并不产生任何影响。

（五）肌肉的牵拉角度

肌肉收缩牵拉骨骼做功是杠杆运动模型。做功时，杠杆移动，肌肉在不同位置的不同角度上牵拉力量不一样。当负重屈肘弯举时，肘关节角度在 $115°～120°$ 时，肱二头肌张力最大，$30°$ 时张力最小。在运动中，对肌肉的牵拉角度必须要进行认真的分析，以方便技术分析、改进技术动作等。

（六）肌肉收缩的形式

肌肉收缩形式不同对肌肉力量及其特点带来的影响也不同。肌肉收缩的形式主要包括动力性离心退让性收缩、动力性向心克制性收缩等动性收缩、静力性等长收缩等。

动力性离心退让性收缩的特点是肌肉收缩时，张力增加的同时肌肉的长度也增加。动力性向心克制性收缩是力量素质训练的主要形式，其特点是肌肉工作时，肌肉长度逐渐缩短，肌肉在缩短过程中张力随着关节角度的变化也发生改变。等动性收缩的特点是在整个关节活动范围内肌肉始终以某种张力收缩，而且收缩速度始终恒定，它能集等长收缩和等张收缩的优点于一身，使训练者的肌肉在各个关节上的用力均衡，并且都具有足够的刺激。静力性等长收缩的特点是张力发生变化，但其肌肉长度基本不变，在整个动作过程中肢体不会产生明显的位置移动。

二、人体的生长发育对力量素质的影响

（一）年龄因素

年龄特征是力量素质的重要影响因素之一。10 岁以前，男女肌肉力量都保持缓慢而平稳地增长，二者区别不大。从 11 岁起，男生的肌肉力量增长比女生较快，男女最大肌肉力量的差异开始明显增大。青春期过后，机体的肌肉力量增长速率降低。$13～16$ 岁是力量素质发展的敏感期，最大力量进入快速增长的第一个高峰。$16～17$ 岁是最大力量快速增长的第二个高峰，这一时期肌肉横向增长速度加快，最大力量和相对力量增长加快。男生达到最大肌肉力量在 $20～30$ 岁，女生在 20 岁左右。40 岁以后，人体大部分肌肉力量开始衰退。70 岁时，人体大多数肌肉的力量只有其鼎盛时期的 $30\%～60\%$。可见，年龄因素是影响人体力

量素质的重要因素之一。

总体来说,人体在青少年时期力量的增长特点如下:①快速力量先于最大力量;②最大力量先于相对力量;③长度肌肉力先于横度肌肉力;④躯干肌肉力先于四肢肌肉力。

(二)性别因素

男女性别的差异,会造成生理上肌肉力量的差别。通常,男子的力量比女子的大。例如,一般成年男子肌肉重量占体重的 40 ％～45 ％,而女子则占 35 ％。科学研究证明,女子的力量平均约是男子的 2/3。但并不是所有肌群都成此比例。如果男性力量为百分之百,那么女性的前臂屈、伸肌群大约为男性的 55 ％;伸肌、髋关节屈、小腿屈肌、咀嚼肌约为男性的 80 ％;手指内收肌、小腿伸肌约为男性的 65 ％。这是由于人体肌肉力量受到身体内的睾酮激素调节,正常男子这种激素比正常女子多,因此男子的力量大于女子。

(三)身高和体重因素

身高和体重也对力量产生重要影响。体重大的人通常力量大,体重小的人,则力量也相对要小些。运动员体重与其最大力量比值不变时,如果增长体重,最大力量也随之增长。

身高与力量的关系比较复杂,但是联系不大。如高大又壮实的人,固然力量大,但是身矮粗壮的人,力量也不会小。所以常常把体重与身高联系起来考虑。

三、中枢神经系统的调节机能对力量素质的影响

(一)中枢驱动

中枢驱动是指人体中枢神经系统动员肌纤维参加收缩的能力。在运动实践中,人体肌肉在进行最大用力收缩时,只有一部分肌纤维同时参加收缩。动员与参与活动的肌纤维数量越多,肌肉收缩产生的力就越大。经过训练,机体肌肉可动员 90 ％以上的肌纤维参加收缩。研究表明,中枢驱动作用主要表现为支配肌肉的运动神经元放电频率及其同步化的变化,而力量训练能有效提高运动神经元的放电频率,从而增强中枢驱动。

(二)中枢神经兴奋性

人体中枢神经系统兴奋性高时,机体会释放大量肾上腺素、乙酰胆碱等生理活性物质,这些物质将会对肌肉力量产生非常大的影响。例如,人在极度激动或危急的情况下会发挥超大力量,这就是机体中枢神经高度兴奋而最终影响机体肌肉力量的结果。研究表明,当人的情绪极度兴奋时,机体会分泌大量的肾上腺素,提高肌肉的应激性,同时中枢神经发出强而集中的神经冲动,迅速动员机体的"储备力量",使运动单位成倍增加并参与完成工作。通过科学的力量训练,可促进神经系统功能的完善,从而增加肌肉力量。需要说明的是,在训练早期,肌肉力量增加的同时肌肉体积并没有明显增加;在训练后期,肌肉力量的增加则更多受肌肉体积的影响,这说明人体的适应机制在力量训练的各时间段不同。

(三)神经中枢对肌肉工作的协调及控制能力

人体任何动作的完成都需要很多肌肉参与工作。不同的肌肉群在完成动作时,受不同的神经中枢的支配,有专家研究证明,肌肉收缩的最佳效果是由于神经冲动的合理频率的提高,促进运动员的情绪高涨,从而引起调动肌肉工作能力的较多肾上腺素、去甲肾上腺素、乙酰胆碱及其他生理活性物质的释放,导致力量增大。因此,改善机体不同神经中枢之间的协调关系,有助于肌肉的协调能力的提高,使各肌肉群在参加工作时可各司其职、协调一致,从而发挥出最大的收缩力。在力量素质训练中,提高主动肌运动单位活动的同步化程度,有利于肌肉产生更大的收缩力量。

(四)神经过程的频率与强度

神经传导电脉冲引起肌肉的收缩,一次脉冲可以引起肌肉收缩一次。如果新的脉冲信号在肌纤维还没有完全松弛时又传来,就会出现肌肉的重叠收缩,可以产生更大的力量。科学的训练促使训练者中枢神经系统传出的神经冲动频率高、强度大。

四、其他相关训练因素对力量素质的影响

在体能训练中,力量和特性会受到运动训练的重复次数与负荷强度、动作速度、训练方法等许多因素的影响。

(一)重复次数与负荷强度

实践证明,在训练中,大负荷、少重复,会取得较好的训练效果,特别是在肌肉群受到超负荷训练后,力量素质会得到有效的发展;如果重量小、重复次数多,那么主要发展肌肉耐力;如果重量与次数都适中,那么可以明显增大肌肉体积。

另外,在重复的训练中,如果每组练习的间歇时间都较短,机体消耗的能量得不到恢复就进行下一组的练习,机体生理、生化等指标就会下降,肌肉力量的发挥程度也呈下降趋势;反之,每组练习的间歇时间较长,使机体消耗的能量得到恢复再进行下一组练习,那么发展力量效果就好。

如果停止力量训练,力量就会逐渐消退。力量大约以提高速度的 1/3 的速度消退。力量提高快,停止训练后消退也快。长时期逐渐练出来的力量,停止训练后能够保持的时间也比较长。

(二)动作速度

动作速度对力量的发展有着至关重要的作用。例如,练习时既注意加快单个动作速度,也注意加快动作的频率(重复若干次数),可以发展一般速度力量;练习时尽量加快动作的速度,尤其是单个动作速度,可以有效地发展爆发力。

(三)训练方法

不同的训练方法对力量和特性的影响也不同。等张收缩的动力性练习可以明显提高肌肉的爆发性力量和灵活性,等长收缩的静力性练习主要可以提高静止性用力的力量。

第三节 力量素质训练的基本方法

一、不同类型的训练方法

(一)快速力量的训练

快速力量是速度与力量的综合表现,现代广泛采用发展力量的训练作为提高速度力量的主要途径。实践证明,爆发力是快速力量中非常具有代表性的力量形式,发展爆发力在很多运动项目中都有很大的用途,如篮球、足球、体操等。发展爆发力的训练方法有以下两种。

1. 快速用力法

快速用力法的原理在于,速度的增长就是力量增长的标志。快速用力法有利于培养运动员的速度意识及快速运动反射的传播。快速用力法的练习特征是通过最快的肌肉收缩速度来克服外来力量,以发展爆发力。

快速用力法包括小强度快速用力法和中等强度快速用力法,小强度快速用力法的特点是采用 30 % ～ 60 % 的强度,练习 3～6 组,每组重复 5～10 次,进行专门发展练习,并使练习的结构和肌肉工作方式尽量接近比赛动作。中等强度快速用力法的特点是用 70 % ～ 85 % 的强度,用最大速度练习 4～6 组,每组重复 3～6次,这种方法对提高肌肉力量的爆发性发挥着非常明显的作用。在很多运动项目中爆发力都直接影响着运动成绩。因此,可采用这种方法发展爆发力。另外,也可安排负荷较小但快速完成的练习。

2. 超等长练习法

超等长练习实际上是结合了肌肉的退让练习和克制练习的训练方法。主要的生理机制是当肌肉被拉得超过自身的正常长度时,肌肉出现牵张反射,即强大的克制性收缩,从而产生有效的爆发力。在进行此训练时,肌肉要先做退让工作,并且肌肉被极度拉长,然后再尽快转入克制工作。主要目的在于使纯力量转变成爆发力。

(二)最大力量的训练

发展最大力量的训练方法有很多种,如重复训练法、极限强度法、强度法、极端用力法、静力性练习法、退让练习法和电刺激法等。这些方法不仅能有效地增大肌肉横截面和发展最大意志紧张的能力,而且也是发展绝对力量、相对力量的主要方法,对速度力量(包括爆发力)和力量耐力的发展也有很大的作用。

1. 重复法

重复法的负荷特征是以 75 % ～ 90 % 的强度进行练习,每组重复 3～6 次,每组间歇 3 min,负重量应随肌肉力量的增加而逐渐加大。因为训练时增加试举重量和重复次数就是力量提高的标志。只要检测运动员在规定的时间内是否增加了重复次数,如果重复次数增多,则说明力量提高,应适当增加负荷量。

这种训练方法不仅对人体的新陈代谢过程有促进作用,而且还能引起工作肌群的增长,从而有效地提高肌肉力量,发展运动员的爆发力,改进用力技术的协调性,加强支撑运动器官的机能。重复法一般会用在初中级运动员的训练中。因为力量的发展在很大程度上是通过提高杠铃重量和克服这种重量的速度实现的。所以,随着技术水平的提高,必须结合极限重量进行训练。

2.强度法

强度法的特点是以大的、亚极限和极限重量(85 %～100 %的强度)进行优势工作,训练时逐渐达到用力极限,然后继续用对运动员的体力来说是强的、中上的和中等强度的负荷量,直到对这种刺激产生劣性或接近劣性反应时为止。

强度法保证了神经肌肉用力的高度集中与绝对肌力的发展,能使运动员在肌肉体积没有特殊增加的情况下,使相对力量得到显著提高。很多研究学者证实,对于需要最大力量项目的运动员来说,周期性地举极限和亚极限重量可以有效地促进专项工作能力的提高。

3.电刺激法

电刺激是一种可以引起肌肉收缩的技术。它使大脑发出的中枢神经冲动被一种迫使肌肉收缩的电刺激所取代。用电刺激法发展肌肉力量近年来受到人们的重视。

电刺激引起的肌肉收缩本质上与训练时的肌肉收缩是相同的,即消耗能量并产生代谢产物引起相同的内环境改变,获得的力量一样。一定强度的电刺激获得的力量也能促进运动成绩的提高。电刺激法主要包括两种方法,即直接刺激法和间接刺激法。直接刺激法是将两个电极固定在肌肉末端,频率为250 Hz时,肌肉收缩最为强烈。而间接刺激法是使用电脉冲电流仪,通过两个趋肤电极传输到肌肉,不同的电极可以放置在与其有关的运动神经部位,频率为100 Hz时肌肉收缩最为理想。

4.极限强度法

极限强度法由保加利亚教练阿巴捷耶夫所创。这种方法的显著特点是非常突出强度,几乎每周每天每项都要求达到、接近甚至超过本人当天最高水平,然后减 10 kg 重量做两组,再减 10 kg 做两组。即开始时递增重量,直至当天最大重量,再递减重量。在计划规定的时间内要求组数越多越好,组与组之间的间歇以能休息过来为准,整个训练的全年安排一般不做大的调整和变动。

目前,极限强度法已在世界上被广泛运用。极限强度法对发展最大力量虽然极为有效,但这种方法对运动员的中枢神经系统、营养的补充、恢复措施与医务监督等均有很高要求。研究数据显示,在激烈紧张的训练中,激素系统起巨大的作用,但长期提高激素系统的活动(超过 7～8 周)能导致其衰竭,甚至引起某些疾病。因此,不宜长期使用极限强度法,应结合其他训练方法,并注意训练周期和节奏。

5.退让练习法

退让练习法又叫"离心收缩法"。它与克制性训练方法正好相反,不是肌肉在拉长时收缩,而是在收缩的同时或收缩后被更大的外力拉长,肌肉的起止点被彼此分离。负重力量训练一般都包含退让性用力。退让练习法的作用主要如下。

第一,退让性练习能比动力性练习对抗更大阻力,能用超出克制性收缩的强度进行练习。因而,能给予神经肌肉系统非常强大的刺激,取得提高力量的效果。例如,运动员深蹲最高成绩是 200 kg,如采用超过 200 kg 的重量便无法练习深蹲了,然而他却可以负重 220～230 kg 的杠铃,从直立姿势下蹲(运动员用最大力量抵抗下蹲)。研究发现,退让练习时肌肉的最大张力可比克制性和静力性练习的最大张力大 20 %～60 %,从而使肌肉用力达到更大的紧张程度。

第二,退让练习与克制性工作是密切结合的,在许多情况下为主动用力(克制性收缩)创造了有利的生物力学条件。例如,用抓举、挺举发展力量时,发力前的引膝、上挺前的预蹲等,都是退让性用力的典型体现。这种退让性力量的提高,会大大提高主动用力的效果。

退让练习的强度一般以 120 %～190 % 为宜。另外,从 1.1 m 左右的高处下跳(跳深),也能很好地发展腿部力量。目前,在运动训练中有意识地安排退让练习者还很少。鉴于退让练习对发展力量具有积极作用,在力量训练中应适当安排退让练习。

安排退让练习要注意以下几点:①要将退让练习与克制性练习相结合;②必要时,可采用特殊装置进行练习;③由于退让练习强度大,训练时应尽量放松;④可采用与克制性练习相同的项目进行退让练习,强度可采用 80 %～120 % 的重量。如果用跳深训练发展腿部力量,可负小重量进行。

6.静力性练习法

静力性力量练习是肌肉在紧张用力时其长度不发生变化的力量练习。静力性力量训练不仅对提高最大力量具有很大的作用,还可以发展静力性力量和静力性耐力,如举重的支撑动作。生物学研究证实,静态力量是动态力量(包括快速力量)的基础。静力性练习正是发展静态力量的有效手段之一。

静力性练习之所以能有效地发展肌肉力量,是因为进行静力性练习时肌肉长度基本不变,肌肉收缩所产生的能量基本上表现为肌肉张力增大。由于完成最大紧张度的静力练习时肌肉强直收缩,即运动单位工作同步化,因而能培养和发展极大的张力。由于静力性练习的特点是工作时处于无氧条件下,这就导致训练者的能量储备迅速耗尽,从而迅速感觉疲劳。

静力性力量训练一般采用较大重量的负荷以递增重量的方法进行练习。静力性练习除可用于发展最大肌肉力量外,主要用于加强某些薄弱肌肉群的力量,也可用于技术训练。例如,举重挺举中的预蹲,射击中的持枪射击,体操中的倒立、十字支撑等。静力练习还特别适用于伤后恢复阶段的训练。

运动实践证明,静力性练习时肌肉活动的条件与动力性练习时迥然不同,因而二者所训练的力量不完全一样。由于各种运动项目的绝大多数动作均要求高速度、快反应、爆发式地完成以及高度的灵活性和机动性,所以过多地使用静力性练习法,会妨碍动作速度和协调性的发展。使用静力性练习法的目的只是克服某些肌群力量发展中的不足和适应某些静止用力动作的需要。

静力性力量练习时应注意以下几点:

第一,静力性练习要与动力性练习相结合,并与技术动作相一致;

第二,首先进行极限用力,然后在短促呼吸与短促憋气相交替中完成练习。

(三)力量耐力的训练

力量耐力是力量素质和耐力素质的综合素质,它是在静力性或动力性工作中长时间保持肌肉工作能力,而不降低其工作效果的能力。

具有静力性力量耐力性质的运动项目很多,典型的有射箭、射击、举重的支撑、速滑中的上体姿势、吊环的十字支撑等项目。要求动力性力量耐力的运动项目多数集中在田径、球类、游泳和体操等项目中。

根据肌肉物质交换的关系,如要发展一般力量耐力,可采用等动训练法、极端用力法和负荷强度较低的静力性练习法。

1.等动训练法

等动训练法即等动力练习法,它是利用一种专门器械(等动练习器)进行力量训练的方法。这种专门器械的基本结构是在一个离心制动器上连接一条尼龙绳,拉动尼龙绳时的力量越大,由于离心制动作用,器械所产生的阻力就越大。所以,器械所产生的阻力大小总是和用力大小相关。从肌肉用力形式来看,等动练习似乎属于克制性工作,但实际上等动练习与纯粹的克制性工作并不相同。因为克制性练习时,肌肉在缩短过程中张力要发生改变,而等动练习时,肌肉一直以某种张力进行收缩,并且收缩速度始终恒定。因此,等动训练法并不等于肌肉克制性工作。

2.极端用力法

极端用力法要求训练时做极限数量的重复,即每组试举允许重复 10~12 次这一最大值,直到完全不能做为止。就是使参加训练的肌肉再也不能收缩,肌肉越来越疲劳,需要从大脑皮层发出补充的神经冲动去激发新的运动单位,才能把每块肌肉充分地调动起来,并去激发新的肌群——兴奋过程的扩散。

运动实践已经充分证明,这种方法不仅能极为有效地发展运动员的力量耐力,而且也是发展最大力量和培养运动员意志与心理稳定性的有效方法。

二、不同部位的训练方法

(一)颈部力量素质训练方法

颈部力量素质训练主要是静力性对抗训练和负重训练,具体训练方法如下。

1.头手倒立

头手倒立训练法主要是发展颈部肌肉力量。要求训练者在墙壁前,缓慢屈臂成头手倒立状,两手主要起维持平衡的作用,两脚轻轻靠放在墙壁上,以头支撑体重,坚持尽可能长的时间。

训练中要注意,练习初期阶段应有同伴保护。为了增加练习效果,双脚可离开墙壁。

2.背桥训练

背桥训练时,以脚和头着地支撑于地面,采用仰卧或俯卧姿势,腰腹部向上挺起,两手置于胸腹部,使身体反弓成"桥"或腹部向下,以额头(或头顶)和脚趾支撑于地面,臀部上提成"桥"。

训练中要注意,训练前颈部应做好准备活动。颈部力量增强时,可在腹部或臀背部负重,增加训练效果。

3.双人对抗

两人一组,同伴站在训练者身后,将合适的带子或毛巾围在训练者的前额,同伴一手拉住毛巾两端,一手扶在训练者的肩胛部,肘关节伸展。训练者两脚站稳,上体固定,向前向下低头,对抗同伴向后拉毛巾的力量。牵拉头部的带子或毛巾可以围在训练者头的前、后、左、右不同部位,使训练者从不同方向进行对抗练习,使颈部肌肉得到全方位的训练。

训练时要注意,同伴拉毛巾的力量应与训练者的颈部力量相适应,反复进行,使颈部肌肉得到锻炼。

4.负重训练

负重训练主要目的在于发展训练者的颈部肌群力量。训练者在进行颈部负重练习时,可用一根绳子将重物悬挂在头上,两脚自然开立,上体前倾,背部挺直,两手分别支撑于膝关节的上部。按照不同的方向有节奏地活动颈部,使颈部前、后、左、右的肌群都能得到全面锻炼。

训练时要注意,在训练初期,可制作专门的头套,以保护头部不受到伤害。

(二)肩部力量素质训练方法

肩部力量训练主要是针对肩部肌群力量的训练,特别是锁骨末端的三角肌的力量训练。肩部三角肌前部、侧部及后部共同围绕起来在肩部形成一个圆球。专门的力量训练能使机体的整个三角肌得到全面的发展。

1.颈前推举

颈前推举的主要目的是发展三角肌前束和斜方肌的肌力。具体可采用直立姿势或坐姿,两手握杠铃同肩宽,握杠于锁骨处,手臂垂直向上伸直推起。

训练时要注意,杠铃的重量可根据训练者的具体情况选择,在训练过程中可逐步增加重量,以免对机体造成损伤。

2.颈后推举

颈后推举的主要目的是发展三角肌后束、冈上肌和肱三头肌的肌力。两手握杠铃,约同肩宽,垂直上举至手臂伸直。训练中要注意的事项同颈前推举相同。

3.头上推举

头上推举的主要目的是发展三角肌、斜方肌、肱三头肌和前锯肌等肌群的力量素质。两脚自然站立,约同肩宽。两手各握哑铃,屈肘将哑铃置于肩上,两手正握哑铃,握距同肩宽,提铃至胸,将哑铃快速推举至头上方,或将哑铃快速推举至头上方,慢慢返回原位。

训练时要注意,练习重量应逐渐增加,训练过程中应注意快举慢放。

4.直臂前平举

直臂前平举的主要目的是发展三角肌和斜方肌的力量素质。训练者自然站立(也可采用坐姿),上体挺直,两臂伸展正握杠铃,下垂于两大腿前。直臂前平举,快上慢下,返回原位,反复训练。

训练时要注意,训练所选用的器械可以是杠铃、哑铃或者壶铃,握器械的方法可以采用正握法和反握法。

5.直臂侧平举

直臂侧平举的主要目的是发展三角肌和斜方肌的力量素质,训练者自然站立(也可采用坐姿),上体挺直,两手各持哑铃垂于体侧,两臂伸直侧平举,快上慢下,还原成预备姿势,反复进行。

训练中要注意的事项同直臂前平举。

6.侧斜卧侧平举

侧斜卧侧平举的主要目的是发展三角肌中束的肌力,练习时,肘关节保持$100°\sim200°$的弯曲,两侧交替进行,以利于三角肌中束的用力。

7.耸肩

锻炼斜方肌的方法是双手持杠铃或哑铃耸肩,都是以斜方肌收缩力量使两肩耸起接近耳侧。耸肩的方式有垂直耸、回转耸和斜后耸肩等。

(三)臂部力量素质训练方法

臂部力量素质训练不仅能使训练者拥有强壮有力的前臂肌群,有利于塑造健美的体型,有利于提高握力、支撑力和完成各种训练动作的能力,还有利于增强机体各部位的肌肉力量。

1.仰卧撑

仰卧撑训练主要用于发展肱三头肌、三角肌、背阔肌等肌肉的力量素质。训练方法为仰卧,两臂伸直,撑在约 50 cm 高的台上,屈臂,背部贴近高台,然后快速推起两臂伸直,连续做 10～15 次。

训练时要注意,在经过一段时间的训练后,可将双脚抬高或负重以加大训练难度。

2.坐姿弯举

坐姿弯举主要用于发展肱二头肌的力量及前臂肌群力量。两腿自然分开,坐在凳端,一手握哑铃,另一手掌置于持哑铃手侧的膝关节上部,握哑铃的手臂充分伸展,将肘关节的上部置于膝关节处另一侧的手背上,上臂固定,慢速屈肘至胸前,然后再有控制地下放哑铃成预备姿势,反复训练。

训练时要注意,训练采用的器械还可以是杠铃、壶铃和其他便于持握的重物。训练时要求两臂交替进行,负荷重量以能完成 10～12 次为宜。

3.坐姿腕屈伸

坐姿腕屈伸的主要目的是发展手腕肌肉群力量。训练方法是坐于长凳上,双脚置于地面,双脚间距略宽于肩,上体前倾,把前臂放于大腿或长凳上,正握杠铃,腕关节被动屈曲;向后弯举腕关节;还原成开始姿势,反复练习。

训练中要注意,动作速度要缓慢,动作上下幅度尽量最大。

4.站立屈臂举

站立屈臂举主要用于发展肱二头肌和前臂肌群的力量素质。具体方法为两脚自然站立,两手反握杠铃,两臂伸展杠铃位于体前。两手握距可宽可窄。固定两肘,慢速屈臂将杠铃上举至胸前,然后有控制地慢慢放下杠铃,还原成预备姿势,反复训练。

训练时要注意,训练采用的器械可以是壶铃、哑铃,持握方法可采用正握、反握和锁握。

5.手腕屈伸负重训练

手腕屈伸负重训练的主要目的是发展手腕和前臂肌群的力量素质。采用坐姿,两手反握杠铃或哑铃,前臂分别贴在两大腿上,手腕伸出位于膝关节外。手腕围绕额状轴以尽可能大的动作幅度上下旋转,手腕卷屈幅度尽量大;或者采用掌心向下的正握杠铃的方法进行手腕旋转运动练习。

训练时要注意,可用哑铃进行,也可单手握短棒的一端,另一端负重,要求手腕向上仰起、放下或手腕做旋转动作。

6.前臂旋内旋外负重训练

前臂旋内旋外负重训练的主要目的是发展前臂肌群和手腕的力量。具体训练方法为双脚自然开立,浅半蹲,两臂屈肘前伸位于体前,两手持重物,前臂有节奏地进行旋内旋外运动。

训练时要注意,练习时固定上臂,前臂围绕前臂纵轴有节律地做旋内、旋外运动。训练熟练后可与"马步"半蹲相结合进行,在训练前臂力量的同时发展腿部力量。

7.站立下拉

站立下拉的主要目的是发展上臂肌肉群力量。面向拉力器站立,双脚间距略宽于肩,双手正握拉力器握柄,肘部紧贴体侧;吸气下拉,伸直双臂,肘部不要离开体侧;还原成开始姿势,反复练习。

训练时要注意,抬头、直背、快速下拉。

8.仰卧臂屈伸

仰卧臂屈伸的主要目的是发展上臂肌肉群力量。仰卧于长凳上,双脚置于地面,双脚间距略宽于肩,双臂伸直,双手间距约为肩宽,正手抓杠铃;屈肘,以肩为圆心,手臂为半径沿半圆运动,缓慢下降杠铃,并尽量远地向头后部延伸;还原成开始姿势。

训练中要注意,身体保持稳定,不要向两侧晃动。

9.坐姿颈后臂屈伸

坐姿颈后臂屈伸的主要目的是发展上臂肌肉群力量。坐于长凳上,双脚置于地面,双脚间距略宽于肩,双手持哑铃置于颈后;小臂伸直上举,双臂伸直,将哑铃举至头的上方;以肘关节为支点,手臂下降杠铃片于脑后部,重复练习。

训练中要注意,手臂下降时应注意要有控制,不要让杠铃片砸到背部。

10.体前臂屈伸

体前臂屈伸的主要目的是发展上臂肌肉群力量。双膝微屈站立,双脚间距略宽于肩,上体前倾,手持杠铃,屈臂举杠铃至体侧屈肘 90°;还原成开始姿势,反复练习。

训练中要注意,腰部前屈,背部挺直。

11.双臂屈伸

双臂屈伸的主要目的是发展上臂肌肉群力量。手握双杠,双脚并拢悬垂于地面,双臂伸直,支撑身体悬空;使身体下降至两杆间最低位置;稍停片刻,双臂撑起,还原成开始姿势,动作完成时呼气。

训练中要注意,抬头、直体、腰部收紧。

(四)胸部力量素质训练方法

发展胸部力量素质的方法很多,有徒手训练也有器械训练。在训练实践中,任何下肢高于上体的斜板卧推和飞鸟动作都有助于发展胸大肌下部力量,具体训练方法如下。

1.俯卧撑

俯卧撑的主要目的是发展肱三头肌、胸大肌、三角肌和前锯肌等肌群的力量素质。训练方法为两手间距稍宽于肩,直臂双手俯卧撑地,两腿伸直,两脚并拢,脚趾撑地。两臂力量提高后,可使两脚位于高台上或在背部负重进行练习。

训练时要注意,首先,身体伸展随两臂的屈伸运动,不应有任何多余动作;其次,训练过程中应尽量加大两臂的屈伸幅度。

2.仰卧扩胸

仰卧扩胸的主要目的是发展胸大肌和三角肌的力量。仰卧在垫子或矮凳上,两手持哑铃两臂伸直,与身体成"十"字形。直臂慢速将哑铃举至胸的正上方,然后慢速还原成预备姿势,反复训练。

训练时要注意,动作速度不宜快,两臂应有控制地下放还原;要求训练过程中两臂下放时不触垫。

3.颈上卧推

颈上卧推的主要目的是发展胸大肌上部、肱三头肌和三角肌的力量素质。训练者可仰卧于卧推架上,可采用宽、中、窄三种握距,手持杠铃或哑铃,先屈臂将其放于颈根部,两肘尽量外展,将杠铃推起至两臂完全伸直,反复训练。

训练时要注意,训练中所持器械的重量应根据训练者的具体情况合理选择,重量过轻或过重都不利于训练,严重时还会造成运动损伤。

4.斜板卧推

斜板卧推的主要目的是发展胸大肌下部、肱三头肌和三角肌力量。具体训练方法为宽握杠铃仰卧于斜板上,脚高于头,朝着胸中部慢慢放下杠铃,肘关节外展与身体呈90°。随后迅速用力向上举起杠铃,再以稳定的节奏反复训练。

训练中的注意事项与颈上卧推相同。

5.宽撑双杠

宽撑双杠的主要目的是发展胸大肌下部、外部肌肉,以及肱三头肌、三角肌、前锯肌等肌肉的力量素质。具体训练方法为脸朝下,收紧下颌,弓背,脚尖向前,眼视脚尖。两手宽握双杠,屈臂使身体下降,然后再伸臂把身体撑起。训练熟练后可在脚上系重物或穿沙背心负重训练。

训练时要注意,屈臂时尽可能使身体降低一些,不要借力,反复进行。

6.胸大肌练习

胸大肌练习的主要目的是发展胸部肌肉群力量。坐于训练机器械椅上,双脚置于地面,双脚间距略宽于肩,两手扶握横把,前臂和腕部放松;双臂用力推动横把至体前;缓慢还原成开始姿势,重复练习。

训练中要注意抬头、直背。

7.站姿胸大肌练习

站姿胸大肌练习的主要目的是发展胸部肌肉群力量。双脚开立,双脚间距约为肩宽,双臂屈肘上举至与肩同高,双臂间距略与肩同宽,双手持杠铃片(或哑铃),掌心向内;往两侧扩胸展开至动作最大幅度;还原成开始姿势,重复练习。

训练中要注意,扩胸展开至最大幅度时保持2~3 s。

(五)腹部力量素质训练方法

腹部力量素质训练的重点是发展腹外斜肌、腹内斜肌、腹直肌和髂腰肌力量，充分利用腹肌的收缩来缩短骨盆底部至胸骨间的距离，具体训练方法如下。

1. 半仰卧起坐

半仰卧起坐的主要目的是发展腹直肌上部力量。具体训练方法为平躺地上或练习凳上，两手持杠铃片置于头后，两足固定。上体向前上方卷起，同时两膝逐渐弯曲。用力吸气，放松呼气，收缩时停 2 s。也可将负重物放在胸前上部进行训练。

训练时要注意，背下部和髋部不能因上体抬起而离开地面或练习凳。

2. 仰卧起坐

仰卧起坐的主要目的是发展腹直肌、髂腰肌的力量素质。具体训练方法为仰卧在凳上或斜板上，两足固定，两手抱头，然后屈上体坐起，再还原，一次做 10～15 个，也可两手于颈后持杠铃片或其他重物负重训练。

训练时要注意，收缩腹部，胸部尽量紧贴膝盖。

3. 仰卧举腿

仰卧举腿的主要目的是发展腹直肌、腹外斜肌和骶棘肌的力量素质。具体训练方法为仰卧于垫子上，两脚并拢，两腿伸直，双手置于头后；或仰卧于斜板上，上体位于高端，两手抓握板端，身体伸展。两腿伸直，双脚并拢，慢速上举，腿与上体折叠，脚尖举至头后，然后慢速还原成预备姿势。也可在踝关节处负重训练。

训练时要注意，腿上举时不要屈膝，还原下放时不能放松，应有控制地下落。

4. 悬垂举腿

悬垂举腿的主要目的是发展腹直肌、腹外肌、髂腰肌和两手的握力。具体方法为两手正握单杠，握距与肩同宽或稍宽于肩，两臂伸展，下肢自然放松，身体悬垂。然后依靠收腹的力量直腿上举，使脚腕触及单杠后再返回原位，反复练习。刚开始练习时，腹肌力量不足者可稍屈膝。为了增强训练效果，可在脚腕上负重练习。

训练时要注意，举腿速度均匀，放腿速度缓慢，应有控制地下放，不能利用摆动力量，以免导致腰疼。

5.支撑举腿

支撑举腿的主要目的是发展腹直肌、腹外斜肌和髂腰肌的力量素质。两手直臂撑在双杠上,下肢放松,身体伸展。两腿伸直,双脚并拢,收腹举腿至水平位,与上体呈直角,然后放下双腿,还原成预备姿势,反复练习。为了增强训练效果,可在脚腕处负重训练。

训练时要注意,直膝向上举腿,举腿速度均匀,注意放腿动作不要放松,应有控制地下放。

6.跪姿收腹下拉

跪姿收腹下拉主要是为了发展腹部肌肉群力量。双膝跪地,抬头,双臂伸直,双手握拉杆置于头正上方,身体正直;双臂伸直,收腹用力向前下拉至动作最大幅度,动作进行时呼气;还原成开始姿势,重复练习。

训练中要注意,下拉时,手臂尽量不要用力,靠腹部发力。

7.斜板仰卧举腿

斜板仰卧举腿的主要目的是发展腹部肌肉群力量。仰卧于斜板上(斜板角度一般为150°～450°),双腿并拢伸直,双手抓握横杠;直腿上举至动作最大幅度,保持 2～3 s;缓慢还原成开始姿势,重复练习。

训练时要注意,腿上举时,尽量折叠,双腿并拢伸直。

8.杠铃片侧屈

杠铃片侧屈主要是为了发展腹部肌肉群力量。双脚左右开立,双脚间距约为肩宽,右手置放于体侧,左手持杠铃片(或哑铃)。身体向右侧屈至动作最大幅度,缓慢还原成开始姿势,两侧交换重复练习。

训练时要注意身体必须正直。

9.负重转体

负重转体的主要目的是发展腹部肌肉群力量。双手握杠铃,间距宽于肩,肩负杠铃双脚开立,双脚间距约为肩宽,身体正直;慢慢扭转躯干,从一侧转向对侧,两侧交换重复练习。

训练中要注意,双脚不动,身体正直。

10.健身盘转体

健身盘转体的主要目的是发展腹部肌肉群力量。双脚并拢站于健身盘上,双手握扶桶,身体正直;向一侧扭转髋部,还原成开始姿势,两侧交替重复练习。

训练时要注意,动作过程中保持肩部固定,两膝微屈,控制身体的运动。

(六)背部力量素质训练方法

背部力量素质训练的目的是充分发展人体的背阔肌、大圆肌、斜方肌、冈下肌、小圆肌、前锯肌及骶棘肌等肌群的力量。在训练过程中应做到动作准确,使肌肉充分收缩,以充分发展背部力量。具体训练方法如下。

1.持铃耸肩

持铃耸肩的主要目的是发展斜方肌力量。具体训练方法为身体直立,正握杠铃,然后以肩部斜方肌的收缩力,使两肩胛向上耸起(肩峰几乎触及耳朵),直至不能再高时为止,然后还原,反复训练。

训练时要注意,耸肩的高度应结合个人情况尽可能地高。

2.直腿硬拉

直腿硬拉的主要目的是发展骶棘肌、斜方肌、背阔肌、股二头肌、半腱肌、半膜肌、大收肌等伸展躯干和伸髋的肌肉力量。具体训练方法为两腿伸直站立,上体前屈,挺胸紧腰,两臂伸直,用宽握距或窄握距握住杠铃,然后伸髋、展体,将杠铃拉起至身体挺直。还原后重新开始,反复练习。

训练时要注意,上拉时应注意收紧腰背肌群,杠铃靠近腿部。

3.卧抬上体

卧抬上体的主要目的是发展伸脊柱的肌群(骶棘肌)、臀大肌、股二头肌等肌肉的力量素质。另外,对发展背肌也有理想的效果。练习者在同伴协助下,俯卧于台面或长凳上。上体从一端探出,两手置于头后屈身向下,快速用力向后向上抬上体,然后有控制地慢速还原成预备姿势,反复进行。为增强练习效果,可在颈后负重进行训练。

训练时要注意,训练过程中上体保持水平,紧靠体侧上拉,肘部不要外翻。

4.俯卧上拉

俯卧上拉的主要目的是发展背阔肌、斜方肌、三角肌的力量。练习者可俯卧在练习凳上，两臂悬空持杠铃（也可采用哑铃和壶铃），两臂同时将杠铃向上提起，稍停再还原，反复进行。

训练时要注意，训练开始时两臂注意保持水平。

5.俯立划船

俯立划船的主要目的是发展背阔肌上、中部，以及斜方肌和三角肌的力量。具体训练方法为上体前屈90°，抬头，正握杠铃（也可采用壶铃、哑铃、杠铃片）。然后两臂从垂直姿势开始，屈臂将杠铃拉近小腹后还原，再重新开始。

上拉时应注意肘部靠近体侧，上体固定不屈腕。

训练时要注意，为了减少腰部负担，可将前额顶在"山羊"或鞍马上进行练习。

6.坐立划船

坐立划船的主要目的是发展背部肌肉群（背阔肌、大圆肌、三角肌后部）力量。面向训练机坐立，双脚放于地面，膝部抵于海绵固定轴下，身体正直；吸气，反握手柄用力拉动手柄至胸廓下部，将拉柄拉向身体的同时，肘部尽量向后，动作完成时呼气，重复练习。

训练时要注意，腰腹固定，挺胸抬头，运动过程中注意控制拉伸的速度，过快或过慢都会影响锻炼效果。

7.引体向上

引体向上的主要目的是发展背部肌肉群力量。双臂伸直悬垂于器械上，双腿并拢伸直，双手正握杠；双臂上拉引体至动作最大幅度，控制身体缓慢下降，重复练习。

训练时要注意，上拉速度稍快些，缓慢下降。

8.坐立体前下拉

坐立体前下拉的主要目的是发展背部肌肉群力量。面向训练机坐立，双脚放于地面，膝部抵于海绵固定轴下，双臂伸直，双手宽握距抓拉杠，身体正直；双臂下拉拉杆至体前胸部，缓慢还原成开始姿势，动作完成时呼气，重复练习。

训练时要注意,下拉的时候肩部肌群要放松,动作还原时不要耸肩,否则会影响背阔肌的受力。

9.坐立体后下拉

坐立体后下拉的主要目的是发展背部肌肉群力量。面向训练机坐立,双脚放于地面,膝部抵于海绵固定轴下,双手宽握距抓拉杠,身体正直;吸气,从头后上方位置垂直下拉横杠至颈后与肩平,稍停2～3 s;然后呼气,沿原路缓慢还原。

训练时要注意,身体不要前后摆动,身体要始终保持与地面垂直的状态。

10.窄握杠铃臂屈伸

窄握杠铃臂屈伸的主要目的是发展背部肌肉群(斜方肌上部、三角肌)力量。左右分腿站立,双脚间距略宽于肩,正手窄握杠铃,身体正直;双臂上提杠铃至锁骨处,上提时吸气,慢慢下降至开始姿势,下降时呼气,重复练习。

训练时要注意身体正直。

11.俯卧背屈伸

俯卧背屈伸的主要目的是发展背部肌肉群力量。身体俯卧于训练机上,双脚紧贴于海绵固定轴,双手抱头;向后屈至动作最大幅度,保持2～3 s;慢慢还原成开始姿势,重复练习。

训练时要注意,向后屈时腿不主动发力。

(七)腿部力量素质训练方法

腿部是机体运动的最重要的部位之一,腿部力量是机体从事其他常见运动项目的基础。腿部力量素质训练方法具体如下。

1.纵跳

纵跳的主要目的是发展伸膝和屈足肌群力量及弹跳力。具体训练方法为身穿沙背心,带沙护腿,呈半蹲姿势。两脚蹬地起跳,两臂上摆,腿充分蹬伸,头向上顶,缓冲落地后继续练习,连续练习10～15次。也可悬挂或标出高度目标,以两手触摸标志线或物体进行练习。

训练时要注意,动作协调,负重以10～15 kg为宜。

2. 蛙跳

蛙跳的主要目的是发展下肢爆发力及协调用力。训练方法为身穿沙背心，带沙护腿（也可不负重），全蹲。两脚蹬地，腿蹬直向前上方跳起，腾空后挺胸收腹，快速屈腿前摆，双脚掌落地后不停顿地连续做 6～10 次。

训练时要注意，尽量快速起跳，身体充分伸展开，可逐渐增加远度要求。

3. 跳深

跳深的主要目的是发展伸膝、屈足肌群和腹肌的力量素质。练习者先将 5～8 个高度为 70～100 cm 的跳箱盖纵向排好，每个跳箱盖横放，间距均为 1 m。练习者面对跳箱盖并腿站立，双脚同时用力跳上跳箱盖，紧接着向下跳，落地后立即跳上第二个跳箱盖，紧接着向下跳，落地后立即跳上第三个跳箱盖，连续跳上跳下 20～30 次。也可在有沙坑的高台处做该练习。

训练时要注意，跳上跳下的动作之间不得停顿。

4. 下蹲腿后提铃

下蹲腿后提铃的主要目的是发展股四头肌、臀大肌和腰部肌群的力量素质。训练方法为两脚自然开立下蹲，杠铃紧贴脚后跟处放置。两手正握杠铃，握距同肩宽，两臂和背部充分伸直。蹲起直臂提铃，呈站立姿势，挺胸直背，杠铃处于臀部，然后还原成预备姿势。反复练习。

训练时要注意，训练过程中不能弯腰，注意背部挺直。

5. 负重深（半）蹲跳

负重深（半）蹲跳的主要目的是发展伸膝和伸髋的肌肉群（如股四头肌、股二头肌、小腿三头肌和臀大肌等）的力量素质。双脚左右自然开立，肩负杠铃，双手正握杠铃扛于颈后，躯干挺直。屈膝半蹲快速蹬伸，髋膝踝充分伸展，向垂直方向跳起，落地时保持半蹲（半蹲跳）或深蹲（深蹲跳），紧接着快速蹬伸跳起，反复练习。

训练时要注意，落地时踝关节保持适度的紧张；跳起腾空后下肢肌群尽量放松。

6. 下蹲起立

下蹲起立的具体训练方法为双脚开立，双脚间距为肩宽，两臂伸直于体侧，两手分别持杠铃;吸气,轻度挺胸收腹,下蹲蹲至大腿与地面平行位置,然后还原至起始位置,动作完成时呼气。

训练中要注意,抬头直视前方,身体直立。

7. 仰卧小腿屈伸

仰卧小腿屈伸的主要目的是发展小腿部肌肉群力量。仰卧于训练机凳面上,两腿分开与肩同宽;小腿向上踢出,至膝盖伸直,缓慢回到起始位置,反复练习。

训练中要求,保持臀部紧贴于坐垫上,双臂自然放置不发力。

8. 坐姿腿屈伸

坐姿腿屈伸的主要目的是发展大腿部肌肉群力量。坐于腿屈伸机上,两腿屈膝下垂,脚背勾住脚托滚轴,两手握扶把,腰背靠紧靠板;负重用力伸小腿至双腿伸直,保持10~20 s;缓慢还原成开始姿势,重复练习。

训练中要注意,背部不能离开靠板,臀大肌不宜抬起借力。

9. 俯卧腿屈伸

俯卧腿屈伸主要为了发展小腿部肌肉群力量。俯卧于训练机的垫上,两脚勾住横杠,两手握手柄;向上屈小腿,保持2~3 s;缓慢还原成开始姿势,重复练习。

训练中要注意,两腿不完全伸直,保持紧张状态,动作用力时臀部不可抬起,避免借力。

10. 拉力器直腿内收

拉力器直腿内收主要为了发展小腿部肌肉群(小腿内侧肌群)力量。单腿站立,将拉力器系于另一侧腿的脚踝部,支撑腿支撑于地面,支撑腿同侧手抓握训练机的扶手以支撑身体;连于拉力器的腿伸直用力内收至靠近支撑腿。

训练中要注意,抬头,直背,臀部不可后抬。

11. 站立提踵

站立提踵主要为了发展小腿部肌肉群(小腿三头肌)力量。面向训练机站立,双脚前脚掌站在杠铃片上,双手扶在把杆上,身体正直;快速提踵尽可能提高脚后跟,双腿伸直;还原成开始姿势,反复练习。

训练中要注意,背部挺直站立,脚后跟提到最高处时停顿2~3 s。

12.坐姿杠铃提踵

坐姿杠铃提踵主要为了发展小腿部肌肉群(比目鱼肌)力量。坐于长凳上,双脚置于地面,双脚间距略宽于肩,身体正直,双手握住杠铃放在膝盖上;脚趾用力上推,尽量使脚后跟抬起;还原成开始姿势,反复练习。

训练中要注意,脚踝快速上推,上下幅度尽量最大。

13.小腿内收拉练习

小腿内收拉练习主要为了发展小腿部肌肉群力量。坐于训练机的椅子上,双脚置于踏板上;双腿用力往外侧展开至动作最大幅度;慢慢还原成开始姿势,重复练习。

训练中要注意上体保持正直。

(八)臀部力量素质训练方法

1.负重弓步

负重弓步的主要目的是发展臀部肌群力量。双腿弓步站立,双臂自然下垂,双手持杠铃片;弓步向前移动,弓步腿大腿与地面平行,后面腿尽量伸直,重复练习。

训练时要注意,身体正直,负荷可适当增加。

2.站立直腿后拉

站立直腿后拉的主要目的是发展臀部肌肉群力量。背对训练机前后分腿站立,双脚间距略宽于肩,一腿踝关节处套拉力器套扣用力拉至脚尖点地,另一腿伸直支撑,身体前倾;慢慢后拉至动作最大幅度,还原成开始姿势,两腿交换重复练习。

训练时要注意,支撑腿尽量伸直,稳定重心。

3.俯卧背屈伸

俯卧背屈伸的主要目的是发展臀部肌肉群力量。俯卧于训练机的垫上,双腿并拢伸直,双手放于两侧;臀部用力将腿向上抬至动作最大幅度,保持2～3 s,重复此动作。

训练时要注意,双腿并拢伸直,主动利用臀大肌收缩力量。

4.侧卧侧摆腿

侧卧侧摆腿的主要目的是发展臀部肌肉群力量。侧卧于长凳上，双腿并拢伸直，双手扶长凳；向上抬外侧腿至动作最大幅度，保持 2～3 s；慢慢还原成开始姿势，保持腿伸直，重复练习。

训练时要注意双腿伸直。

三、游戏训练方法

(一)发展上肢力量的游戏训练

1.推小车

游戏方法：训练应在平坦场地进行。在场地上画两条相距 10～20 m 的平行线作为起点和终点。将参与者按前后两人一组分成若干组，前后两人一组，站在起点线后，前面人俯撑分腿于地上作为"小车"，后边的人站于俯撑者两腿间，两手握其踝关节并抬起，后者作为"推车人"做好准备。当听到"开始"口令后，俯撑者用两手交替向前迅速移动，和"推车人"相配合，尽快到达终点，以先到终点的组为胜，然后两人互换，再按此方法进行比赛。

游戏规则：推车人通过终点为完成游戏；中途翻倒或停止，应从原地重新开始。

2.持哑铃走迎面接力

游戏方法：训练需准备哑铃两副，并在场地上画相距 10 m 的平行线。将参与者分成人数相等的两队，每队再分成甲乙两组，分别成纵队面对面站在两条平行线后。游戏开始后，各队甲组排头两臂侧平举双手持哑铃向前走，走到对面将哑铃交给乙组排头，站到队尾，同时乙组排头手持哑铃，向对面走，再将哑铃交给甲组的第二人，依次交接哑铃行进，直至最后一人完成，先完成的队为胜。

游戏规则：队员手持哑铃走时必须保持两臂侧平举，不允许跑；不得抢走，否则视为犯规。

3.打保龄球

游戏方法：游戏需在空场地上进行，准备 10 个空水瓶、2 个实心球，在场地上画一条线为投掷线,距线 10 m 处将 10 个"手榴弹"摆放成三角形,前后相距 10 cm。将游戏者分成人数相等的若干队。参赛者站在线后,用打保龄球的方法,将实心球掷出击打"手榴弹",击倒几个得几分。每人掷一次,可每人连续掷几次,统计得分,以得分多少排名次。

游戏规则:实心球只能滚出,不能抛砸空水瓶;掷实心球时必须站在线后。

4.掷靶瞄心

游戏方法:在场地上画一条投掷线,距线 8 m 前的地方并排放 3 个空水瓶,间隔 2 m。沙包若干个。把游戏者分成人数相等的四个队,面对空水瓶成纵队站在投掷线后,手拿小沙包。游戏开始,各队第一人用沙包投掷自己前面的空水瓶,击倒者得 1 分,然后把空水瓶竖起;第二人接着投,依次进行,直至每人均投 3 次后结束,最后得分多的队获胜。

游戏规则:游戏者听口令进行投击和捡包,击倒别人的空水瓶扣 1 分。

5.投掷空水瓶

游戏方法:游戏需在平坦场地进行,准备空水瓶、沙包若干。在场地上相距 15 m 画两条平行线作为投掷线,在投掷线两侧 1 m 处画一条预备线,中间画一条中线,中线上等间隔距离摆放一些空水瓶。将游戏者分成人数相等的两队,每队再分两组,分别站在投掷线与预备线后,面向中线,每人手中拿一沙包。组织者发令后游戏开始,站在投掷线后一方的游戏者,一齐用沙包掷击水瓶,击倒一个得 1 分。投完后,按口令一起跑去捡沙包,并将水瓶摆好,然后从两侧跑回预备线后,按原队形站好。另一方的游戏者听口令继续进行,每个游戏者投 2 次后,计算各队总分,积分多的队为胜。

游戏规则:游戏者投掷时不得越过投掷线;必须听口令投和捡沙包,超过投掷线则视为犯规,重新投掷。

6.四面攻击

游戏方法:游戏需在空场地进行,准备沙包 4 个、小木板 1 块。在空场地上画一个边长 20 m 的正方形,中间画一个直径 2 m 的圆,将游戏者 4 人一组分成若干组,先由一组进攻,另一组防守。组织者发令后,攻队每人手持一沙包,按顺时针方向依次向守卫者投掷,防守队出一名游戏者在圆内用小黑板挡沙包,反复进行。如守卫员的身体任何部位被击中,攻队得分,守队换另一人重新防守。在规定的时间内,攻队未击中守卫员,守队得分。每队所有游戏者完成进攻与防守后以积分数量决定胜负。

游戏规则:攻者不得越线投沙包,守者不得出圈;沙包落地时,守卫员可将沙包踢出线外,进攻者可进场地内捡沙包。

7.打靶

游戏方法:在地上画4个直径分别为1 m、2 m、3 m、4 m的同心圆为靶位,距靶25 m处画一条投掷线,准备沙包若干。将游戏者分成人数相等的两路纵队,分别站在投掷线后,组织者发令后,两个排头将沙包投向靶心,落在圆心得4分,向外依次3分、2分、1分,每人投3次,最后按各队积分数量评定胜负。

游戏规则:投沙包时不准超过投掷线;投到线上按外线计分,超过投掷线则视为犯规,重新投掷。

8.投弹掷靶

游戏方法:在空地上画一条直线为投掷线,自投掷线向前15 m起,每5 m画一横线为一个区,共画5个区,由近而远,分别标明2、4、6、8、10的得分号码,准备沙包10枚。把游戏者分成人数相等的甲乙两队,排列在助跑道的两边,各队前5人手拿沙包做好准备,两队各派1人站在落沙包区外做记录员。游戏开始,甲队前5人按顺序依次助跑向前投掷,每枚沙包落地后记录员即大声报告得分,5人均投完后统一拾沙包,并跑步归队,将沙包交给本队下5位队员后,排至队尾。当甲队队员拾沙包离区后,乙队前5人即助跑向前投,方法同前。各队交叉依次进行,每人均投1次后计算累积分,以积分多的队为胜。

游戏规则:必须助跑投掷,其他同沙包投掷规则;投出最远区而有效者得20分。

9.推球

游戏方法:在地面上画两条相距15 m的平行线,两线之间画若干远度线,准备实心球若干。将游戏者分为人数相等的两组,分别站于投掷线外。其中一组持实心球,游戏开始,持实心球的一组用原地推铅球的方法将实心球推出,落点超过几米线得几分,球压线算低分,组织者将投完的组每人投的得分相加,计下总分。然后另一组用同样的方法进行,两组可进行多轮比赛,最后累计各组得分总和数值,多者为胜。

游戏规则:用原地推铅球的方法推出实心球,不能抛或投;不得越线推,投掷结束后也不能越线。

10.推铅球掷远计分

游戏方法:游戏要在空场地进行,准备铅球 4 个。画一个直径 5 m 的圆,圆内每隔 1 m 再画一个同心圆,在离圆心 14 m 处的四边各画一条投掷线。把游戏者分成人数相等的 4 个队,分别站在投掷线后,各队排头手持铅球。组织者发令后,各队排头同时将铅球推向圆内,推到第一圆得 1 分,第二圆得 2 分,依此类推,圆心圈得 5 分。第一个人推完第二个人推,各队可进行多轮次比赛,游戏结束后,统计各队得分数,排定各队名次。

游戏规则:听组织者口令推、捡铅球;按指定方法推铅球;球落在线上,以分数少的计算得分。

(二)发展下肢力量的游戏训练

1.矮人竞走接力

游戏方法:场地上画 5 条相距 10 m 的平行线,并按顺序 1—5 编号,1 为起点线,5 为终点线。线的长度依分队数量而定。把参与者分成 4 人一队,每队队员分别于 1—4 号线后成一路纵队面向终点线站立。游戏开始,第一组各队排头迅速蹲下,以蹲姿向前走,当走到本队第二人身后时站起,同时拍击第二人肩部,第二人立即蹲下,同样蹲着走向第三人,依次接着走,以最后一人到达终点的先后顺序排列名次。

游戏规则:不准抢走;不允许半蹲和站立行走,只许深蹲(全蹲)行走;以最后一人脚过终点线先后顺序判定名次。

2.竞速倒退走

游戏方法:准备 30 m 长的跑道 2～4 条,距起点 30 m 处设一折返点。将游戏者分成两路纵队,两队人数相同。听到"开始"口令后,各队排头背对前进方向,迅速向后倒退走。要求上体直立,不能后仰,摆动腿屈膝向后退步,脚尖先着地,再移动至全脚掌着地,身体重心随之后移,然后支撑腿变摆动腿重复上述动作,连续后退走。一只脚踩到折返点后,迅速转体,向起点倒退走。到达起点时与第二名队员击掌,第二名队员重复第一名队员的动作,依此类推,直到最后一名队员走完。最先走完的队获胜。

游戏规则:不能出现腾空,即不能后退跑,否则取消比赛资格;必须在自己的跑道内进行比赛,不准抢道,以免互相碰撞出现伤害事故;前面一名队员完成退走的全部路程之后,下一名才能接着进行比赛,否则算作抢跑,退回重来;如不慎跌倒,可原地站起继续比赛。如离开跑道,以弃权取消比赛;以每队最后一名队员先到达起点的队为获胜。

3.脚内侧走接力

游戏方法:需要画两块 10 m 长的场地,标志杆 2 根。将参与者分成人数相等的两队,各队成纵队站立在起跑线后。游戏开始后,每队排头迅速用脚内侧走至终点绕过标志杆再走回本队,与第二人击掌后,第二人接着再做,以后每人都依此法进行,直至都走完一次,先走完的队为胜。

游戏规则:不准抢走,否则视为犯规;只能用脚内侧走的方法完成游戏,要求直腿走。

4.步步高

游戏方法:训练需要准备踏跳板 2 块,不同高度的跳箱 6 架。在场地上画一条直线作为起跳线,线前依次并排放置 2 块踏跳板、2 架一节跳箱、2 架二节跳箱和 2 架三节跳箱。将游戏者分成人数相等的两队,分别成一路纵队面向跳箱站立。组织者发令后,各队列队依次双脚跳在踏跳板上、跳箱上,最后向前跳在地上,然后左队从左侧、右队从右侧跑回起跳线,以全部跑回起跳线最快的队为胜。

游戏规则:组织者发令后才能开始跳跃;游戏者必须用双脚同时向前跳,必须依次跳在各个跳箱上,不准漏跳,否则重跳。

5.穿梭跳远

游戏方法:训练前要在场上画两条相距 10 m 的平行线。将游戏者分成人数相等的两队,各队分成两组,成纵队分别站在平行线后面。发令后,各队排头用立定跳远方式,连续跳到对面拍排头的手后站到排尾,对面排头依次再跳到对面拍下一人的手,依次进行,先跳完的一队获胜。

游戏规则:必须用双脚起跳,双脚落地;拍手后第二人才能开始跳。

6.火车赛跑

游戏方法:训练需要在平坦场地进行,间隔 15 m 画两条平行线作为起点和终点。将游戏者分成人数相等的两队,各成纵队站在起点线后,游戏开始前每个队员都把自己的左脚伸向前面的人。左手手掌兜住后面队员伸来的脚,右手搭在前人的肩上。排头不伸脚,排尾不兜脚,组成一列"火车"。听到"出发"口令,全队按照一个节拍向前跳动,排头可以走步,以"车尾"先通过终点线的队为胜。

游戏规则:如遇"翻车"或"脱节",必须在原地接好后方能前进;"列车"完整通过终点才能记成绩。

7.连续跳横绳

游戏方法:训练需要画一条起跳线,线前每隔 1 m 拉一道橡皮筋,其高度依次为 30 cm、40 cm、50 cm、60 cm。把游戏者分成人数相等的 2~4 个纵队。组织者发令后,各队排头按规定的方法依次连续跳过每条橡皮筋,全部跳过者得 5 分,每触及橡皮筋一次扣 1 分。当排头跳过第三条橡皮筋时,第二人开始起跳,如此依次进行,最后以累计得分多的队获胜。

游戏规则:必须按规定的方法跳越,犯规重新跳;不得触及橡皮筋和支架。

8.跳橡皮筋

游戏方法:在平坦空地上竖立 4 根木柱围成正方形,柱间拉适当高度的橡皮筋 1 根。将游戏者分成人数相等的两队,各成纵队对角排列在一根木柱边。比赛开始,发令后,各组第一人开始沿着四边的橡皮筋(单、双脚)从外向内跳,然后由内向外跳出,每人跳过四边后,回本队拍第二人的手,第二人也按上述方法继续进行,各组全部完成后,速度快的队获胜。

游戏规则:跳越橡皮筋时,脚不准碰到橡皮筋,如碰到则应从头做起;跳越前可稍加助跑;可以超越对方,超越时不得相互影响。

9.纵跳摸高

游戏方法:训练要在靠墙的平地上进行,在墙上标出高度,根据高度标出得分号码,高度越高得分越多。将游戏者分成人数相等的 2~4 队,每队依次纵跳摸高(原地双脚起跳),跳至最高点,手指触摸墙上的标号,摸到几号就得几分,最后全队队员得分累加,以得分多的队为胜。

游戏规则:必须原地双脚起跳,不得单脚起跳,不得助跑起跳;以手指尖触摸最高点的标号为本人得分。

10.负重蛙跳接力

游戏方法:训练需要准备两副轻杠铃(或两个小沙包、两件沙衣)。在空地上画两条相距 10 m 的平行线,分别作为起点线和折返线。将游戏者分成人数相等的两组,成纵队站在横线后,各组第一人肩负重物全蹲。组织者发出口令后,第一人用多级蛙跳前进,到达折返线后,转身跑回,将器材交到本组下一人,游戏继续进行,直到全组完成,最先完成的组获胜。

游戏规则:组织者不发令,不得开始起跳;要全蹲,双脚同时起跳和落地,不合要求者可提醒一次,若继续犯规,要返回重做。

第四节　力量素质训练的注意事项

一、力量训练要结合专项特点

在很多运动项目中,由于项目的不同其技术动作结构会有很大的区别,因此对参加工作的肌肉群力量的要求就不同,要求的力量素质也不同。如田径运动中的短跑项目,要求竭尽全力连续快速蹬地向前推进的力量;投掷要求竭尽全力使运动器械获得最大加速度的爆发力量;跳跃要求有良好的爆发力和弹跳能力。因此,力量训练要根据专项技术的动作结构来选择恰当的练习,以便于发展相应的肌肉群力量,提高运动成绩。另外,也可以通过肌电研究来了解主要肌群用力特点、工作方式、用力方向、关节角度等,从而确定力量训练的方法,发展专项力量素质。只有紧密结合专项特点来安排力量训练,才能收到更好的效果。

二、训练时要集中精神

肌肉活动要依靠中枢神经系统的调节才能进行。在进行力量素质练习时,要集中精神、全神贯注,意识要跟上练习,与练习动作紧密配合、保持一致。这样,练习才能够有助于肌肉力量更好地发展。尤其是在训练期间负荷较大时,注意力应高度集中,否则容易受伤。练习时切忌嬉笑打闹,因为人在笑的时候肌肉处于放松状态,一不小心就易造成损伤。另外,为了练习安全、达到期望效果,要有自我保护意识。还要加强互相保护,尤其是在举或肩负极限重量时。

三、呼吸方法要正确

进行力量练习时,通常采用的呼吸方法是用力时憋气,完成动作或放松时呼气(练习前自然吸气—练习中憋气—练习后自然呼气)。由于憋气可以提高练习时的力量,所以极限用力一般都是在憋气情况下进行的。憋气是指在吸气之后,紧闭声门,尽力地做呼气动作。在运动中"憋气"有利于固定胸廓,增强腰背肌的紧张程度,能够发挥人体潜在的力量。因此,极限的用力需要在憋气的状态下才能进行。虽然憋气可以提高练习的潜力,但用力憋气时,会引起胸廓内压急剧升高,迫使动脉血液循环受阻,易导致供血不足、脑缺氧,甚至发生休克。憋气后,胸腔膜内压骤降,回血量猛增,心脏负担加大,易发生窒息。以防运动中出现不良后果,需注意以下几点:

第一,对初练者,安排的极限和次极限用力的训练内容要尽可能少一些,使其在训练中学会正确地运用呼吸和调整呼吸的方法。

第二,首先,最大用力的时间较短,可以不憋气时就不要憋气;其次,重复做用力不太大的练习时,应尽量不憋气。

第三,做最大用力练习时,运用狭窄的声门进行呼气,也能达到与憋气类似的同样大的力量指标。

第四,为避免通过憋气来完成练习,开始训练时的极限和次极限用力的练习不要太多。

第五,力量练习时间短暂,吸的气并不会立即在练习中产生作用,因此完成力量练习前不应做最深的吸气。

第六,用狭窄的声带进行呼气几乎也可达到与憋气类似的效果,因此做最大用力时,可采用慢呼气来协助最大用力练习的完成。

四、发展要全面又要有侧重点

大多数运动项目的动作技术都比较复杂,难度也很大,因此需要身体各部位许多大小不同的肌群协同工作才能良好地完成。那么,在发展不同类型的力量素质时,既要全面又要有着重,应该在全面发展的基础上针对项目特点而有所侧重。这就要求发展力量素质首先应使四肢、腰、腹、背、臀等部位的大肌肉群和主要肌肉群得到锻炼、提高,也要注意发展薄弱的小肌肉群的力量。

五、练习前后肌肉要松紧有度

首先,力量素质训练时应使肌肉充分伸展拉长,然后再使其收缩,动作的幅度要大。这是因为肌纤维被拉长后可增大收缩的力量,又能够保持肌肉良好的弹性和收缩速度。这对力量素质训练是很重要的。

其次,力量素质训练完成后,肌肉会充血,很胀很硬。这时便要做一些与力量练习动作相反的拉长动作,或者做一些按摩、抖动,充分放松肌肉。这样做的目的是既可加快疲劳的消除、促进恢复,又可防止关节柔韧性因力量训练而下降,同时有助于保持肌肉良好的弹性和收缩速度。

六、严格要求训练动作符合技术规格

进行力量素质训练时,每一个力量练习动作,都有技术规格要求。练习者要按照技术规格要求去操作,才能够更好地发展肌肉群的力量。如果技术动作不规范,那么参与活动的肌群就会有改变,从而影响力量训练的效果。比如,臂弯举动作要求身体直立,两臂贴于体侧,只依靠肘关节的充分屈伸来完成。如果练习者为了贪图省力举得重,依靠身体的前后摆动来完成动作,那么发展肱二头肌的效果要差很多,因为身体摆动时腰背肌肉、臀部和大腿后面的伸髋肌群也参与了工作。

此外,掌握正确的技术动作可以防止伤害事故的发生。比如,做深蹲练习要求挺胸直腰,腰背肌收紧以固定脊柱,主要依靠膝关节的屈伸,同时也伴随着髋关节的一定屈伸来完成动作。若站不起来,腰背肌也要一直保持收紧,等待同伴的保护帮助,这样既安全又有效果。如果练习者弓腰练习,尤其是站不起来时,腰弓得更加厉害,这样就比较容易造成腰部损伤。

七、训练负荷要循序渐进增加

大负荷是指进行力量素质训练时,训练的负荷强度和训练总量一般要用训练者所能承受的最大负荷或接近最大负荷。采用大负荷训练能迫使肌肉进行最大收缩,可以刺激人体产生一系列的生理适应性变化,从而实现肌肉力量的增加。为了达到大负荷,训练时无疑要保持较大的强度,或者要保持较大的数量。

进行力量素质训练后,力量增长,原来的大重量负荷就逐渐改变,变为小负荷。要继续保持大负荷,就必须循序渐进增加负荷。例如,训练开始时,某人用 20 kg 做臂弯举,反复举 8 次出现疲劳。当训练一段时间后他能用 20 kg 连续举起 12 次,这时就可以增加负荷至又能举起 8 次的重量。这样,就可使有关的肌肉群始终在大负荷状态下工作。

很多运动员采用"超负荷训练",它是指要求肌肉完成超出平时的负荷。"超负荷训练"会引起肌肉成分,特别是肌蛋白的分解肌肉的成分重新组合,肌蛋白含量得到提高,从而使肌肉更加粗壮有力,引起超量恢复。运动员会不断地有目的、有计划地进行"超负荷训练"以引起超量恢复,达到迅速发展力量素质之目的。但是这种方法并不适合每个练习者,适合大多数优秀运动员,但不适合初学者或者运动能力不高的人。

八、训练计划要科学合理

力量素质"用进废退",所以训练计划要科学合理,不能中断,计划还要系统地进行全年甚至多年的安排。科学研究表明,力量增长快,停止训练后消退也快。力量训练一旦停止,已获得的力量将会按增长速度的 1/3 消退。

九、负荷安排要合理

力量素质训练要根据每个人的身体素质和不同运动项目确定不同的训练周期计划和训练任务,负荷的安排应周期性、波浪式地变化。

力量训练课的次数也取决于以下因素:训练课的阶段和周期、训练课的主要任务、各力量素质的发展水平及训练特点,以及运动员的性别、年龄、健康状况、身体素质能力及训练水平等。其中,训练水平是重要因素之一。实验证明,刚开始训练的人,每周 3 次课要比 1～2 次课或 5 次课的效果更好,而训练有素的运动员训练课的次数可安排得稍多一些,因为刚参加训练的人与训练有素的运动员适应性变化不同。

大肌肉群的工作能力恢复相对较慢,所以比赛前 7～10 天,通常训练中不安排用极限负荷进行较大部位肌肉群的练习。

在每个小周期中,要尽量使各种不同性质的力量训练交替进行。每堂课可先安排发展最大力量、速度力量的练习,最后安排发展力量耐力的练习。

十、坚持完成最后的动作

肌电研究证明,肌肉工作越接近疲劳时,其放电量越大。这就表示肌肉在此时受到的刺激较深。这样的刺激能够促使机体发生良好的生理、生化反应,有助于超量恢复,使力量获得增长。因此,进行力量素质训练时,越是最困难的最后一两次动作,越要坚持完成。

十一、要偏重摆动的动力性练习

发展力量素质应偏重于摆动的动力性练习,尤其要注意动作的振幅。它可使练习者获得用力感和速度感,增强技术动力力量,培养快速完成动作的能力。此外,还能改进关节的灵活性。增大动作振幅要注意结合肌肉放松和伸展练习,以使肌肉保持弹性和柔韧性。

第三章　速度与耐力素质训练

第一节　速度素质理论与训练方法

一、速度素质训练理论研究

(一)速度素质的概念及分类

1.速度素质的概念

速度,是指人的身体或某一身体部位快速改变原有运动状态的能力。

速度素质包括三个方面,即快速完成动作的能力、快速经过规定某种距离的能力和对外界刺激或各种应激反应的快速判断能力。速度对于大多数运动员来说都是取得好成绩的关键因素之一。有些运动项目本身虽不是比速度,但速度对运动成绩有着直接影响。比如,在铅球运动中更多的是依靠直接力量和通过旋转"助跑"产生的间接力量,但在铅球的"助跑"和投掷的那一刻仍旧需要腰部的快速转动和手臂的快速投掷。除此之外,速度素质还是很多运动项目对年轻运动员选材的重要指标之一。因此,速度素质的训练在运动员的日常体能训练中的地位就可见一斑了。

2.速度素质的分类

速度素质是人身体素质中的一项,前面提到了速度素质的三个方面。简单地说,这三方面的表现形式可以表述为动作速度、周期性运动中的位移速度和反应速度。

(1)动作速度

动作速度,是指人体或人体某一部位在单位时间内完成某种动作或完成次数的用时。动作速度根据其表现形式的不同可以分为动作速度、组合动作速度和动作速率三种。例如:跳高运动员的屈腿起跳的腿部动作就属于单一动作速度;撑竿跳运动员完成预备、助跑、撑竿、过竿和落地的动作全过程速度就属于成套动作速度;径赛运动员的跑步步幅的快慢就属于动作速率。

神经系统对人体的各种运动机能起到控制作用,因此可以说,动作速度的快慢与神经系统的兴奋和敏感度有极大的关系。当人受到的内外刺激强度较大时,人体神经系统就处在兴奋的状态下,随之而来的就是其传递信号的速度加快,在人体表象上看就显现为身体的协调性增强,使得动作速度和反应能力加快,反之则使动作速度和反应能力减弱。另外,人体各器官系统的准备状态也会决定动作速度的快慢,如没有做好准备活动的运动员,其身体的动作速度和反应速度势必会有一定程度的衰减。而技术动作的娴熟程度也会影响动作速度,如刚刚学习足球运动的人其动作完成速度和频率皆比熟练掌握这些技术动作的人要慢许多。

(2)移动速度

移动速度,是指在单位时间内人体快速移动的能力。为更好地理解移动速度的计算方法,可以参照物理公式 $V = s/t$。在公式中,V 表示物体移动的速度,它是距离 s 与通过该距离的时间 t 之比。

与动作速度相同的是,移动速度也与人体神经系统所处的状态有关,且移动速度的快慢和能力与神经系统的兴奋性呈正比例关系。这些现象最终也将直接体现在人体移动速度的加快。

经研究表明,人体的移动速度不仅可以依靠后天训练和培养得到提高,有时它还会受遗传因素影响。例如,父母从小参与各种训练,获得了快速移动的反应的能力,那么他们的子女在这方面的素质也一定不会太差,或者在后天的培养和训练中在速度方面的提高会更快。

在技术动作中,移动速度可分为平均速度、加速度和最高速度。

(3)反应速度

反应速度,是指人体对外界各种刺激信息的回应能力。反应速度取决于刺激信息被传导所需的时间,信息的传递几乎是在瞬间完成的,这段一瞬间的快速时间被称为"反应时"。"反应时"与反应速度呈反比例关系,即"反应时"越长,人的反应速度就越慢;"反应时"越短,人的反应速度就越快。良好的反应速度可以表现为诸如短跑运动员听到发令枪响后到起动之间的反应;足球运动中守门员在判断射门方向并做出扑救动作的时间;乒乓球运动员通常在 10.15 s 内就要根据对方的引拍方向、击球瞬间和击球声音来判断飞来的球的线路、旋转和可能的落点等,不仅如此,乒乓球运动员还需要根据这些因素来快速反应自身要做出的回球准备。

从上面的内容中就可以得知,神经过程的感觉时间和思维判别时间即为反应速度的基础,因此这就使得有很多因素会直接影响神经过程,进而间接影响反应速度。影响因素中遗传因素的影响最大,根据有关数据显示,反应速度的遗传力高达 75%。

反应速度、动作速度、移动速度作为速度素质的评判标准,它们之间相互区别,又彼此联系,共同对速度素质的最终表现施加影响。因此,在发展速度素质的过程中,要考虑三者之间的相互关系,就移动速度而言,反应速度是前提条件,动作速度则是基础。

(二)速度素质训练的价值和影响因素

1. 速度素质训练的价值

要想提高速度素质水平,最主要的就是要着重改善、提高神经系统灵活性,提高心肺系统功能和肌肉质量。在提高肌肉质量的同时,还要注意掌握好对肌肉协调力的控制和学会放松的能力,知道对肌肉的使用要张弛有度,发力之前的放松有利于肌肉的爆发力的发挥,如铅球运动员在最后发力投掷前的投掷手是相对放松的状态,在投掷步的最后一刻腿、腰、肩、臂一致协同用力,此时手臂从相对放松状态突然猛烈爆发发力,将球掷出,如此会比在一开始便用力"撑"住球到最终发力获得更好的投掷效果。

速度素质是人体的基本身体素质之一,对于参与体育运动的人来说,速度素质决定了他对运动技术发挥的水平。因此,在日常训练中对于速度素质的训练就显得异常重要。除此之外,速度素质的重要性还在于在不同运动项目中,速度素质对运动本身的成绩具有直接影响。速度素质的价值主要体现在以下三个方面。

(1)速度素质是取得良好成绩的关键

在体育竞赛中,几乎所有项目都需要通过速度来抢得先机,速度素质保持在较高水平可以直接或间接地提高竞技水平,获得优异的成绩。田径运动就是展现运动员速度素质最好的平台,在田径运动中几乎所有项目都需要速度素质的参与,如田径中的径赛项目;田赛项目中的跳远、跳高、撑竿跳发力之前的助跑等。其中,像跳高、跳远项目,它实质上是比拼一种依托在速度素质上的技巧的竞赛,而不单单只是速度的比拼。田赛中的跳远项目,在它的整个运动过程中首先要由助跑产生一定高的水平速度,在达到一定速度后要在一瞬间完成起跳;跳高运动员在跳跃之前也要有一个充分的助跑过程,并且最终要在 10.2 s 内完成起跳,将身体腾起 2 m 多高。从跳高项目的运动过程就可以看出,跳跃前运动员助跑的初速度决定了他最终能够跳跃过的高度。在其他运动中也是如此,如拳击、击剑等项目,这两种运动都需要人体始终处在不停的运动之中,在移动中伺机快速出击,且进攻的同时还要兼顾防守。这些都需要运动员具备快速及敏捷的动作速度才能做到。球类运动也是如此,参与球类运动的双方球员始终处在攻防转换之中,急起急停、快速变向、防守卡位等动作都需要以速度为基础,在速度的保证下力争先人一步,只有这样才能在比赛中处于主动的地位。

现代体育运动竞赛更加显现出时空争夺性的特点,这也是秉承了"更高、更快、更强"的体育宗旨而来的。那么,根据这种发展趋势,就需要体育竞技科学研究部门紧随运动发展潮流,在研究影响运动成绩的因素问题时,要格外重视对人体速度素质如何增加问题的研究。这就需要在日常的研究工作中重点注意两个方面:一是要研究通过什么方式或训练能够让运动员在尽可能短的时间内完成单一或组合技术动作,提高动作的速度、速率;二是力求完成技术动作的迅速性和突然性。除体育科研人员关于提高运动素质的研究外,在日常的体育训练中,身处一线的教练也要尝试使用一些简单有效、可以达到提高速度素质目的的训练方法,通过实践证明,这种训练方法能够起到比较好的效果,因为在训练中就以高速度、高强度来要求的话,在竞争激烈的比赛中就更能从容不迫地发挥水平。

由于速度素质可以最大限度地直接或间接影响运动员技战术水平的发挥,是竞争能力的表现因素之一。所以,大部分运动项目对运动员拥有良好的速度素质都是非常看重的。

(2)速度素质是衡量运动水平的依据

速度素质水平在运动过程中可以非常直观地表现出来,也非常易于被赛场内外的人关注到。当发现运动员的速度素质欠缺,以致成为影响运动员取得更好成绩的短板时,就需要对症下药,针对速度素质进行训练,并以此提供改进技术和方式的客观数据。

在高强度的运动竞赛或训练中,大多数技术动作都要在有高对抗的条件中用最短的时间完成,比对手的速度快也就成了在比赛中占据主动的条件之一。良好的速度素质有助于运动员更好地掌握合理而有效的运动技巧。

(3)速度素质训练能够改善人体代谢过程

前面提到了神经系统与速度素质的密切关系,然而这二者之间还拥有一种相互促进的关系。这种促进关系就是速度素质在提高人体快速运动能力的同时,还在提高着人体中枢神经反应过程的兴奋性与灵活性。这种关系可以对人体内三磷酸腺苷(ATP)和磷酸肌酸(CP)的储存量的提高有不小的帮助。这两种物质存储量提高的意义在于,它可以有效提升人体供能能力及改善代谢过程。

2.速度素质训练的影响因素

前面提到了反应速度、动作速度与移动速度之间的关系和区别。这种区别尤其体现在三者的内部机制方面,如反应速度主要表现在神经活动层面,而动作速度和移动速度则更反映在人体肌肉活动方面。这些影响速度素质训练的因素具体分析如下。

(1)反应速度的影响因素

①感官的敏感程度。人体的感觉器官是接收外界信号源的收集"设备",人体的感官的敏感程度决定了对外界信号的感受时间。敏感度越强,收集和传递信号的时间过程就越短,反之则越长。而注意力的集中程度,又是决定感官敏感度的因素。举个例子来看,如百米赛跑运动员在起跑时必须全神贯注地听发令枪的声音,此时他的感觉器官处在高度集中的状态下,因此反应速度会得到很大的提高,反之,若没有集中精神,则极易使得反应速度减慢。感觉器官除受到注意力程度的影响外,还会受到人体疲劳程度的制约,如跳高运动员长时间练习腾空动作后,必然会导致他有关动作所要使用的肌肉的疲劳,这时人体的反应时就会延长,造成动作越发脱离标准的现象。

②肌纤维的兴奋性。肌肉纤维的兴奋与否也对反应速度快慢起着重要作用。据有关方面研究发现,肌肉处于紧张状态时的反应时要比放松状态的缩短 7 ％左右,但要注意的是,这种紧张状态必须要在一定的限度内,而不能是过度的紧张,否则会由于肌肉的过度紧张使运动技术动作变形,起到事倍功半的不利效果。当肌肉过度劳累产生极强的疲劳感时,肌肉对应激反应的时间明显延长。通过这个规律可知反应速度会受到注意力的集中程度、疲劳程度与反应过程的影响而发生变化。

③中枢神经系统机能。反射活动受刺激信号的影响会显出不同的状态,如刺激信号的选择性越大,反射活动就越复杂,表现为运动员要在单位时间内做出的思考更多。中枢神经对刺激信号的分析时间主要与神经兴奋性及条件反射建立的巩固程度有关。除此之外,运动员对运动技术动作的熟练程度也是决定反应速度的因素之一,即当运动员在刚刚接触新技术不久时其本身对这项技术尚未熟悉,每个动作的做出都需要较长时间的思考,而随着技术动作的逐渐熟练,新的肌肉记忆也随之形成,此时运动员就会表现为对所做动作不用加以思考,并且可以

在"下意识"做出技术动作的同时考虑更多的其他内容,这就很好地说明了反应时的明显缩短。

(2)动作速度和移动速度的影响因素

影响动作速度与移动速度快慢的因素主要是肌肉运动能力的高低。动作速度和移动速度是肌肉系统在最短时间内用最大限度的力来进行快速活动的形式。由于人体肌肉活动受到多方面的影响,因此也有较多的因素影响着动作速度和移动速度,具体影响因素有以下几项。

①人体体形。人体的体形对速度素质的影响方面较多。其中,影响较大的方面如人体体长(身高)、四肢长度等。以田径运动为例,在两名运动员身高体重条件一致的情况下,上下肢越长的运动员其运动速度就越快,简单地说,就是四肢的长度与相关部位(手臂、腿部)运动速度成正比。举例说明,田径运动员的下肢长度通常决定了其运动成绩,因为运动员腿较长的缘故,所以他跨出一步的距离相比腿较短的运动员要多一些,在分秒必争的比赛中,每一步多出的一点优势,可能决定了比赛的最终结果。因此,这就是在选择对运动速度要求较高的运动项目(如田径、游泳、体操等)的运动人才时要首先将身体的体形作为一个重要选材指标的原因了。

②生理影响。第一,肌肉类型与肌力。速度素质的体现是需要肌肉的收缩来实现的,而肌肉纤维又是组成肌肉的基本物质。人体的肌肉(主要指对运动产生最大影响的骨骼肌)可以分为快肌纤维(白肌纤维)、慢肌纤维(红肌纤维)和中间型纤维三种。这三种类型的肌纤维中对速度素质起到重要影响的是快肌纤维。因此,快肌纤维占肌肉含量百分比越高,人体的快速运动的能力也就越强。但是,快肌纤维在运动中的利用会产生一定的"副作用",那就是运动积累到一定时间后会产生强烈的疲劳感。

人体肌肉的弹性及其在运动中不断交替工作的方式是准确完成动作技术的重要保证。除此之外,还有一点是不能被忽视的,那就是关节的柔韧性。关节的柔韧性尽管不是直接决定速度的组织,但它对某些需要肢体大幅度完成动作(如步幅)的速度促进作用十分明显。所以,根据这一情况可以考虑在速度素质训练的过程中安排一些对关节柔韧度有较大帮助的练习。

第二,神经活动过程。神经活动过程的灵活性,是指神经中枢兴奋与抑制之间快速的转换能力。神经中枢对于人体的运动起到至关重要的作用,它是人体在运动中保持协调和做出快速反应的"指挥器"。只有敏感、快速的神经活动过程才能在运动中迅速调动所有必要的肌肉协作参与活动,同时它还能更有效地抑制对抗肌的影响。

在运动中,肌肉并非时刻保持高度的紧张状态,适时的放松也是积蓄力量的环节。而神经活动过程的灵活性就能够起到控制肌肉放松的作用。因此,当运动员在做有关移动速度的训练时,如果能做一些放松与紧张的肌肉转换练习,就能使肌肉的效率大大增加,有利于较长时间维持高速运动。

③心理影响。对于动作速度和位移速度的心理影响主要与自身注意力的集中程度有关。作为一种心理定向能力,注意力集中对中枢神经的兴奋性与迅速转换有极大的影响。除此之外,它还对肌纤维的收缩效果与紧张程度有着很重要的作用。然而,注意力在适度专注的情况下可以提高动作和位移速度,但是这种专注力过于膨胀时,就会向紧张心情靠拢,紧张的情绪反而会在一定程度上制约动作和位移速度。

④力量发展方式。力量的发展水平对许多运动项目来说是决定性的,如田径运动或对抗性较强的足球、篮球等运动。人体加速度的产生原因就是由于力量的作用,力量与其可以制造出的加速度成正比。人体的力量分为相对力量和绝对力量,对于相对力量较大的人,其肌肉容易在运动中克服内、外部阻力,产生快速的收缩速度。除此之外,动作和移动速度不光依靠人们的相对力量,还受到运动技术娴熟度的影响。例如,在撑竿跳高比赛中,如果运动员的全套动作有某个环节是整体技术动作的短板,那么他在完成撑竿跳动作时就会有一定的顾虑,直接表现出来的行为就是适当放慢速度以顺利完成娴熟度不足的动作。

(三)速度素质训练的注意事项

前面提到影响速度素质的多种因素。那么,影响因素越多,在日常训练中所需要注意的事项就越多。为了能够让人体的速度素质水平得到有力提高,就要求在平时对速度的专项训练中注意以下几点。

1. 从参与训练者的实际能力出发

训练内容和强度的制定一定不能忽视运动员的真实训练水平和身体状态,除此之外,在速度练习组与组之间要保证一定的休息时间。另外,在训练中一定要注意采用正确的技术动作,教练在一旁要密切关注练习者的动作,如果出现不规范的动作,要及时叫停并予以指导,练习内容之间要有循序渐进的衔接顺序,先慢后快,先易后难。

发展速度素质需要在人体适宜性的基础上开展,这种适宜性包括神经系统、内脏系统和肌肉系统的适宜状态。集中注意力和速度练习前用强度较小并保持一段时间的活动都是不错的可以有效保持适宜状态的方法。保持一段时间的较小强度活动能提高中枢神经系统功能，这对于改善肌肉内协调性有良好的作用。

2. 速度训练顺序与时间的安排要科学合理

速度素质的发展需要依靠身体多部分的协同才能最终得以实现。基于这种理论，就需要在发展速度素质时做好其与其他身体素质的关系，安排适当和符合运动规律的练习顺序，使得素质间结合训练、互相促进，最终获得速度素质与其他素质之间的良性转移。

肌肉力量的强弱在很大程度上决定着速度的快慢。因此，在进行速度训练中可以适度安排一些有针对性的力量训练内容，以此获得力量素质与速度素质之间的联系，最终使速度素质得以提高，尤其是静力性力量练习对速度素质的提高效果最为明显。但由于缓慢的静力性练习会在一定程度上降低神经过程和肌肉活动的灵活性，因此静力性练习还要注意次序性的问题。

还有一点需要注意的是，速度素质对于神经灵活性的要求较高。鉴于此，应该将速度素质训练和力量素质训练的顺序进行合理安排，正确的方式是将速度练习安排在力量练习之前进行。

由于速度素质练习的方法一般较为枯燥、无趣。所以，为了让练习者身心保持最佳状态、精力最充沛，应该将训练时间安排得更为合理。原因在于当人体疲劳感增加到一定程度后，人体神经的灵活性会出现一定程度的下滑，如此便会出现兴奋与抑制之间的转换变慢，如会表现为运动员注意力不集中、动作质量下降等情况。如果执意在此时继续针对速度素质训练，那么将不会收到理想的效果。

3. 速度素质训练与专项技术相结合

据有关研究部门的研究成果发现，速度练习对本身练习之外动作速度发展的迁移效果较低。也就是说，速度练习只是对诱发练习动作本身的速度能力有一定的帮助，而对与这项练习无关的运动则帮助较少，如拳击运动由于其运动特点，使得拳击运动员对上肢力量和速度的训练量很高，但与散打运动员相比，其腿上的速度就显得非常缓慢了。因此，速度练习具有较高的专门性，需要结合专项技术动作要求进行。让运动员在速度训练中能感觉到躯干等各部位的协调配合，发展专项技术所需要的动作速度的能力。

4.速度能力与其他能力协同发展

影响人体速度素质的因素主要有快速力量和柔韧性。因此,在发展速度素质中,还要兼顾上述两个因素的练习。运动员整个身体或某一部位的运动速度是在某项运动中获得理想成绩的关键因素,而运动项目所要求的最佳运动速度经常是由于关节协同发力的结果。在实际训练过程中,一些速度能力起决定性作用的运动项目训练较早地进行技术动作的速度训练是很重要的。速度与体能训练有密切联系,因为速度可能与耐力、力量和灵活性紧密相关,而且速度训练还可能与复杂的技术训练有关。此外,根据项目中所参与的有关力量、耐力和灵活性,以及项目所要求的最佳、最大速度和关节运动速度变化之间的协同配合程度的不同,这些专门要求也有所不同。

5.保证体能训练的环境安全

任何训练都要在安全、可靠、稳定的环境下进行。因此,要求教练和运动员在速度训练前都要进行充分的准备以及保证速度训练后的充分休息和身体恢复。

速度练习中的负荷对运动员的肌肉、肌腱和韧带提出了很高的要求,因此运动损伤发生的潜在危险性很高。运动员的速度训练要在科学、合理的指导下完成,如果所练习的力量及动作频率、动作幅度等超量,这就有可能对运动员的身体造成一定的损伤。运动损伤的发生主要是由于如下原因:训练手段缺乏变化、负荷过大、在气温较低或运动员疲劳的情况下运动负荷的安排不当,或速度训练所要求的直接准备(准备活动)不充分而引起的肌肉放松能力下降,等等。所以,对任何速度练习来说,在比赛或训练前认真进行专门的准备活动是最基本的要求。除训练本身外,还要求在保障场地设施安全的条件下进行速度训练,注意穿透气性良好、宽大的运动服和适宜的鞋袜都可以有效提高训练的安全性。

二、速度素质训练方法指导

(一)上肢速度素质的训练方法

1.摆臂

训练方法:两腿并拢,上肢以短跑动作前后摆臂,肘关节弯曲约90°。前摆手摆到约肩部高度,后摆手摆到臀部之后。

训练要求:这种训练方法的目的在于提高运动员摆臂动作效率和固定正确的上体跑动姿势,要求训练的技术动作要准确。

2.俯卧撑撑起击掌

训练方法:双手撑地,双脚掌撑地,身体呈一线。向身体下方屈肘,而后快速撑起身体并击掌,恢复开始姿势重复练习。此方法可以发展运动员上臂后部和肩部肌肉群动作速度和爆发力。

训练要求:练习时,要求运动员快速完成动作,以肘部下降引导身体下降。全身充分伸展,保持平衡。

3.仰卧快速斜推哑铃

训练方法:将瑞士球放置于地面,首先运动员坐在瑞士球上,后呈仰卧姿势,此时头部枕在球上,体重由背部支撑;连续快速推举哑铃。此方法可以发展运动员的胸肌、肩部肌肉群等的速度力量,与此同时发展身体的平衡性和稳定能力。

训练要求:练习时,运动员要注意双脚分开的距离要大于骨盆宽。推举哑铃要到位,一般举起位置应在眼睛的垂直上方。

4.快速滑动俯卧撑

训练方法:将髋部压在球上,双臂撑地并相互交替前行,前移使身体在球上前移呈俯卧撑姿势,直至小腿搭在球上支撑。此时在做一个俯卧撑动作后用手按刚才的程序反向退回到开始姿势,如此往复。此方法可以发展运动员胸部、肩部肌肉群速度力量,以及身体支撑和稳定能力。

训练要求:练习时,运动员要保持身体完全处于伸直的姿势。在适应了此动作的负荷后还可以通过在俯卧撑姿势下提起一条腿,或以双手和一条腿在球上支撑完成俯卧撑的方法来加大负荷。

5.连续左右转髋

训练方法:双臂侧平举,两脚左右开立略宽于肩。右脚于左脚前向身体左侧移动落地(前交叉步),然后还原开始姿势。右脚于左脚后向身体左侧移动落地(后交叉步),还原开始姿势。重复练习。此方法可以发展运动员的骨盆、髋部和双脚的动作速度和灵活性。

训练要求:练习时,要求运动员上体朝向始终保持一致,尽量选择多用骨盆转动和下肢移动快速完成动作。在适应原有负荷后可以使用加快动作速度或加大幅度练习的方法提高负荷,也可以根据专项需要反方向练习。

6.连续交叉步

训练方法:双臂侧平举,双脚左右开立以前脚掌支撑身体,身体快速向侧移动。右脚通过左脚前方向身体左侧移动落地(前交叉步),然后回复至开始姿势。此方法主要发展运动员骨盆、髋部和双脚的动作速度和灵活性。

训练要求:练习时,要求运动员双脚始终朝向移动方向,尽量用骨盆和下肢快速完成动作。可以根据专项需要反方向练习。

7.绳梯 180°转体跳

训练方法:身体半蹲,双脚左右开立,以前脚掌支撑身体,每只脚站在一个格子里。身体跳起在空中转体 180°,双脚各落在前面的格子中。身体跳起向反方向在空中转体 180°,双脚各落在前面的格子中。重复练习。此方法可以发展运动员骨盆、髋部和双脚的动作速度、灵活性,以及周边视觉能力。

训练要求:练习时,要求运动员身体始终向绳梯的同一方向移动,尽量用骨盆和下肢快速完成动作。

8.快速传接实心球

训练方法:与同伴相对站立,稍微屈膝,2 人间距约 3～4 m。双手持实心球于胸前,进行连续传接练习。此方法可以发展运动员胸部、肩部、臂部肌肉群的速度力量和爆发力。

训练要求:练习时,要求运动员双臂充分伸直接球。如需加大难度,可以增加球的重量和 2 人间距。

9.前抛实心球

训练方法:面对抛掷方向,双脚左右开立约一肩半宽,直臂双手持实心球举过头顶。团身下摆实心球至两腿间,后迅速蹬腿、挺身、挥臂向身体前上方抛出实心球,此方法可以发展运动员下肢、背部、肩部和上肢的动作速度和爆发力。

训练要求:练习时,要注意身体环节用力顺序是自下而上,并迅猛完成动作。

10.后抛实心球

训练方法：背对抛掷方向,双脚左右开立约一肩半宽,直臂双手持实心球举过头顶。团身下摆实心球至两小腿间,后迅速蹬腿、挺身、挥臂向身体后上方抛出实心球,此方法可以发展运动员下肢、背部、肩部和上肢的动作速度和爆发力。

训练要求：练习时,要求身体环节用力顺序是自下而上,并迅猛完成动作。

11.跳起转体接实心球

训练方法：背对接球方向,双脚左右开立紧紧夹住轻实心球。迅速跳起,用双腿将轻实心球抛向空中,身体落地迅速转体接住实心球。此方法可以发展运动员下肢、骨盆、躯干和上肢的跳跃和转体动作速度及爆发力。

训练要求：练习时,要求运动员身体环节协调配合,迅猛、连贯地完成动作。

12.弓箭步快速传接实心球

训练方法：与同伴保持3～4步的距离相对站立。一人双手持实心球,一条腿屈膝、屈髋前迈并缓缓落地。前面腿的大腿与地面平行,膝关节弯曲90°,并且不超过脚尖的垂线。在脚落地前把实心球传给同伴,接球时前面的脚蹬地回复开始姿势。此方法可以发展运动员上、下肢的速度力量和爆发力。

训练要求：练习时,要求运动员保持弓箭步姿势,维持好身体平衡。

13.持实心球弓箭步转体

训练方法：站立双手持球于胸前,右腿屈膝、屈髋前迈落地。右腿的大腿与地面平行,膝关节弯曲90°,并且不超过脚尖的垂线。右脚落地时,身体和持球伸直的双臂快速转向右侧。行进间左右腿交替练习。此方法可以发展运动员腿、髋和躯干部位的全身速度力量。

训练要求：练习时,要求运动员躯干保持竖直。加大难度可以持重球,或加快动作节奏。

14.持实心球侧蹲

训练方法：双脚以肩宽左右开立,向左侧分步进入侧蹲姿势,重心移到左腿上。同时,充分快速前伸双臂前送实心球,保持这个姿势2 s。右腿蹬离地面形成开始姿势,左右腿交换重复练习,此方法可以发展运动员腿、髋和背部的全身速度力量。

训练要求:练习时,要求运动员躯干不得扭转。加大难度可以持重球,或加快动作节奏。

(二)下肢速度素质的训练方法

1.后踢腿

训练方法:从慢跑开始,使摆动腿脚跟拍击臀部,膝关节在弯曲过程中向前上摆动。此方法可以有效提高运动员脚的动作速度。

训练要求:练习时,要求运动员上体保持正直,可以根据运动员的实际能力适当加快步频。

2.脚回环

训练方法:单腿支撑,手扶固定物维持平衡。一只脚以短跑动作进行回环练习,此方法主要是用来发展运动员摆动腿的快速折叠和前摆能力。

训练要求:练习时,要求运动员在动作过程中脚回环拍击臀部,以扒地动作结束。脚的回环动作路线在身体前面完成。

3.跑步动作平衡

训练方法:采用最高速度时的单腿支撑姿势,左脚用脚掌支撑,肘关节弯曲约90°。左手在肩部高度,右手在髋部高度,右腿高抬,右脚踝靠近臀部。此方法主要是为了提高运动员踝关节肌肉群的紧张度和稳定支撑能力。

训练要求:练习时,要求运动员保持这个姿势 $20\sim60$ s。还可以采用负重背心,或站在不稳定的海绵垫上来加大动作的难度。

4.踝关节小步跑

训练方法:采用很小的步长快跑,强调脚底肌群的蹬地和踝关节屈伸动作。以脚掌蹬离地面。此方法主要是用来发展运动员脚的动作速度和踝关节肌群弹性力量。

训练要求:练习时,运动员要做到脚部动作快速而安静,尽量减少脚掌与地面的接触时间。

5.折叠腿大步走

训练方法:以短跑的身体姿势和摆臂动作大步走。摆动腿高抬并充分屈膝,脚靠近臀部,并且翘脚尖。此方法可以提高运动员脚的动作速度。

训练要求:练习时,要求运动员当摆动腿抬至最高位置时,后蹬腿支撑脚底部肌群用力屈踝快速蹬地。

6.踮步折叠腿大步走

训练方法:与折叠腿大步走相同,但后蹬腿需加上踮步。身体腾空时摆动腿充分折叠,此方法主要是用来发展运动员快速屈髋和伸髋的能力,提高踝关节紧张度。

训练要求:练习时,要求运动员脚部快速落地,但不要发出声音,强调踝关节的紧张度。

7.踮步高抬腿伸膝走

训练方法:与折叠腿大步走相同,但在高抬摆动腿后需在身体前充分伸膝,同时还要加上踮步,此方法可以有效提高运动员快速伸髋和大腿后部肌群的快速发力能力。

训练要求:练习时,要求运动员摆动腿的脚下落时扒地,推动髋部向前。

8.踮步折叠腿大步走拉胶带

训练方法:在两个踝关节上系胶带,胶带的另一端固定于地面。与踮步折叠腿大步走动作相同,完成快速练习,此方法可以提高运动员的步频,提高快速伸髋和折叠膝关节能力。

训练要求:运动员在练习时,要注意它所强调的腿部爆发式伸髋和下落扒地动作,迅速推动髋部向前。

9.踮步高抬腿伸膝走拉胶带

训练方法:在两个踝关节上系胶带,胶带的另一端固定于地面。与踮步高抬腿伸膝走相同,完成快速练习,此方法可以有效增加运动员的步长和步频,提高快速伸髋能力和固定踝关节肌群的紧张度。

训练要求:在练习时,它强调腿的爆发式伸髋和下落扒地动作,迅速推动髋部向前。

10.高抬腿跑绳梯

训练方法:双脚在同一格内落地,尽快跑过每格约 50 cm 间距的绳梯或小棍。此方法可以提高运动员的步频和快速高抬折叠腿的能力。

训练要求:练习时,它强调先进入小格的摆动腿高抬。

11.单腿过栏架跑

训练方法:以约 1 m 间距摆放 8～10 个约 30～40 cm 高的栏架。在栏架一端支撑腿直膝跑进,摆动腿从栏架上越过。此方法可以提高运动员的步频、快速屈髋能力和下肢灵活性。

训练要求:练习时,它要求运动员栏架外侧支撑腿伸直,摆动腿在栏架上快速高抬和折叠。

12.双腿过栏架跑

训练方法:以约 1 m 间距摆放 8～10 个约 30～40 cm 高的栏架。在栏架上做高抬腿跑,在每一个栏间距内双脚落地,采用同一条攻栏摆动腿,此方法可以提高运动员的步频、快速屈髋能力和下肢灵活性。

训练要求:练习时,它要求运动员摆动腿高抬,翘起脚尖。

13.简易走跑训练方法

第一,越野跑:越野跑 1 h,跑的速度可以适当变化,心率控制在 150～170 次/分钟。

第二,下坡走:下坡走 60 m 练习 15 组;蛇形走 60 m 练习 20 组;标志高频走 100 m 练习 10 组。

第三,前交叉步走:前交叉步走 80 m 练习 10 组;间歇走 200 m 练习 10 组;重复走 800 m 练习 3 组,10 m 跑练习 3 组。

第四,小步高频走:小步高频走 60 m 练习 10 组;"8"字走 15 min(直径约 6 m);上下坡走 20 组;弯道走 20 组,"S"形走 10 组(每隔 3～5 m 做一个标志物),100 m 跑 3 组;变频变速走 20 圈,每隔 50 m 放一个标志物,练习者变换频率与速度,走 400 m 练习 6 组。

第五,体前屈走:体前屈走 15 min,沿直线走 60 m 练习 10 组。

第六,沙衣负重走:沙衣负重走 5 000 m;走 1 200 m 练习 5 组。

第七,仰卧交叉摆腿:仰卧交叉摆腿送髋 20 min;行进间转髋交叉走 20 min;100 m 练习 6 组。

第八,胫骨前肌练习:胫骨前肌练习 100 次练习 10 组。

第九,正反向圆周走:正反向圆周走直径为 10 m 的圆,走时随着身体重心的变化,调整动作的幅度和转髋方向。

第十,走专项训练:走 4 000 m 练习 3 组,间歇 3 min;1 200 m 练习 2 组;2 000 m 练习 3 组,间歇 5 min;匀增速走 5 000 m,再慢跑 400 m,然后走 400 m,练习 6 ～10 组,间歇 3 min。

第十一,走动中的加速跑 30～60 m,要求每次做 4～5 组。反复进行训练。

第十二,走动中的下坡加速跑 30～60 m,要求每次做 4～5 组。反复进行训练。

第十三,反复跑 40～60 m,要求每次做 5～8 组。反复进行训练。

第十四,顺风反复跑 40～60 m,要求每次做 6～8 组。反复进行训练。

第十五,逆风反复跑 40～60 m,要求每次做 6～8 组。反复进行训练。

第十六,行进间 30～50 m 计时跑,要求每次做 6～8 组。反复进行训练。

第十七,上坡行进间 30～50 m 计时跑,要求每次做 6～8 组。反复进行训练。

第十八,下坡行进间 30～50 m 计时跑,要求每次做 6～8 组。反复进行训练。

第十九,放松大步跑 60～80 m,要求每次做 6～8 组。反复进行训练。

第二十,踏标志点跑 40～60 m,要求每次做 6～8 组。反复进行训练。

第二十一,大步幅弹性垫步跑 40～60 m,要求每次做 6～8 组。反复进行训练。

第二十二,跨低栏跑(3～5 栏、栏间跑 5～7 步),要求每次做 8～10 次。反复进行训练。

第二十三,追逐跑 40～60 m,要求每次做 6～8 组。反复进行训练。

第二十四,并列同步跑 40～60 m,要求每次做 6～8 组。反复进行训练。

第二十五,并列同步加速跑 40～60 m,要求每次做 6～8 组。反复进行训练。

第二十六,高抬腿跑 20～30 m＋20～30 m 加速跑,要求每次做 4～5 组。反复进行训练。

第二十七,加速跑 20～30 m＋高抬腿跑 20～30 m,要求每次做 4～5 组。反复进行训练。

第二十八,高抬腿跑 20～30 m＋后蹬跑 30～50 m,要求每次做 4～5 组。反复进行训练。

第二十九，站立式起跑＋起跑后的加速跑 30～60 m，要求每次做 4～5 组。反复进行训练。

第三十，放松大步跑 20～30 m＋20～30 m 加速跑，要求每次做 4～5 组。反复进行训练。

第三十一，下坡放松大步跑 20～30 m＋20～30 m 的下坡加速跑，要求每次做 4～5 组。反复进行训练。

第三十二，上坡高抬腿跑 20～30 m＋20～30 m 的上坡加速跑，要求每次做 4～5 组。反复进行训练。

第三十三，下坡高抬腿跑 20～30 m＋20～30 m 的下坡加速跑，要求每次做 4～5 组。反复进行训练。

第三十四，上坡加速跑 20～30 m＋上坡高抬腿跑 20～30 m，要求每次做 4～5 组。反复进行训练。

第三十五，变速跑 80～120 m(20 m 快＋20 m 慢＋20 m 快)，要求每次做 6～8 组。反复进行训练。

第二节　耐力素质理论与训练方法

一、耐力素质训练理论研究

(一)耐力素质的概念及分类

1.耐力素质的概念

耐力素质是指个体克服工作过程中所产生疲劳的能力。它是人体身体素质的重要组成部分之一，是体现个体的健康水平或体质强弱的主要标志。任何一个体育运动项目都需要运动员具备相应的耐力素质。

个体的耐力素质好坏的主要判断标准是其是否能在长时间工作中克服机体产生的疲劳。因此，在这里运动员必须明确疲劳的概念及其产生的生理机制。运动生理学研究认为，疲劳是由于机体在长时间工作中而引起的工作能力暂时性的降低，其表现为工作较困难或者完全不能继续按照以前的强度工作。按照阶段划分，可以将疲劳分为补偿性疲劳阶段和补偿性失调的疲劳阶段。补偿性疲劳阶段即尽管完成工作较困难,但个体通过顽强的意志支配可以在一定时间内仍保持前一段工作时的强度;补偿性失调的疲劳阶段即尽管主观意志想克服体力上已产生的紧张,但工作强度仍然降低。按照特点划分,可将疲劳分为心理的疲劳和生理的疲劳。在运动训练过程中,研究和克服由于身体活动和肌肉活动而引起的体力上的疲劳更加具有意义和价值,在运动实践中,个体体力上的疲劳是训练后的必然结果,可以说没有疲劳就不能称之为训练。疲劳使运动员工作能力下降并限制其机体工作的时间,因此又是运动训练必须要克服的障碍。因此,运动员克服疲劳的能力,客观真实地反映了他的耐力水平。

2.耐力素质的分类

按照不同的分类标准,可以将个体的耐力素质分为以下几种。

(1)按氧代谢的特征分类

①有氧耐力。有氧耐力是指个体在氧气供应充足的情况下能坚持长时间运动的能力。针对运动员的有氧耐力训练,应重点提高运动员机体输送氧气的能力,促进其机体的新陈代谢,为提高其运动负荷奠定良好的基础。

②无氧耐力。无氧耐力是指个体在氧气供应不足的情况下能坚持较长时间运动的能力。一般的,无氧耐力又可以分为非乳酸供能无氧耐力和乳酸供能无氧耐力。针对运动员的无氧耐力训练,应重点提高运动员机体承受氧债的能力。

(2)按肌肉工作的性质分类

①静力性耐力。静力性耐力主要是指有机体在较长时间的静力性肌肉工作中克服疲劳的能力。例如,举重运动员在静力预蹲、静力半蹲表现出来的耐力以及体操运动员在十字支撑、慢起手倒立中表现出来的耐力都属于静力性耐力。

②动力性耐力。动力性耐力主要是指有机体在动力性肌肉工作中克服疲劳的能力。

(3)按专项活动的关系分类

①一般耐力。一般耐力是专项耐力的基础,是指有机体各器官系统机能克服疲劳的综合能力。个体的一般性耐力是一种多肌群、多机体系统长时间工作的能力,良好的一般耐力有助于运动员完成大负荷训练,在长时间的运动、竞争中更好地克服运动疲劳,并在大强度的训练和激烈的竞赛后更快地恢复。但因个体的一般耐力是不同形式耐力的综合表现,不同的运动项目对个体的一般耐力素质要求是不同的。

②专项耐力。专项耐力是指个体为了获取良好的专项成绩而最大限度地调动有机体整体的能力，以克服有机体在较长时间内进行专项负荷所产生的疲劳的能力。一般来说，运动员从事的运动项目不同，其所表现的专项耐力也不同。

（4）按身体活动的部位分类

①局部耐力。局部耐力主要指有机体的局部身体部位在长时间的身体活动中克服机体疲劳的能力。运动员的局部耐力取决于其一般耐力素质的发展水平。例如，运动员在长时间内反复进行上肢力量训练，上肢用力部位很快就会出现肌肉酸胀的现象和继续用力工作困难的情况。

②全身耐力。全身耐力主要指有机体的整个身体机能在训练和竞赛中克服疲劳的综合能力。个体的全身耐力是其综合耐力水平的表现。

（5）按持续时间的长短分类

①短时间耐力。短时间耐力是指有机体持续时间为 45 s 至 2 min 的运动项目所要求的耐力。其主要是通过无氧过程提供完成运动所需要的能量。因在运动过程中氧债很高，所以个体良好的运动成绩的取得与其力量素质和速度素质水平密切相关。

②中等时间耐力。中等时间耐力是指有机体持续运动时间为 2～8 min 所需要的耐力，其强度高于长时间耐力项目。实践证明，在运动过程中，个体对氧气的吸收和利用对其运动成绩起决定性作用。

③长时间耐力。长时间耐力是指个体持续运动时间超过 8 min 时所需要的耐力。运动员在运动过程中，机体的能量主要由有氧系统供能，需要心血管和呼吸系统高度参与。

（6）按耐力表现形式和用力特征分类

①心血管耐力。心血管耐力是指有机体在运动中循环系统保证氧气到达细胞以支持身体的氧化能量过程和运走物质代谢废物的能力。个体的心血管耐力实际上还可以分为有氧耐力和无氧耐力。

②肌肉耐力。肌肉耐力是指有机体在一定外部负荷或对抗一定阻力（来自外部的阻力或人体本身的阻力）时，能坚持较长时间或重复较多次数的能力。

③速度耐力。速度耐力是指有机体将获得的较高或最高速度一直保持到运动结束的能力。在田径运动中，运动员 200 m 跑的成绩在很大程度上取决于速度耐力水平。速度耐力的生理机制与机体内无氧代谢过程的改善和机体适应缺氧能力的提高有着非常密切的关系。以 100 m、200 m 跑的成绩对比来评定速度耐力时，一般用 100 m 的成绩乘以 2 再加 10.4 s 即可。针对有机体速度耐力的训练

主要应在提高运动员速度素质的基础上,提高和改善其放松跑的能力,这样不仅可以提高运动员中枢神经系统和运动器官机能的灵活性,还可以提高运动员神经系统对缺氧和酸性代谢产物积累的适应能力。

(二)耐力素质的价值和影响因素

1.耐力素质的价值

耐力素质是人体的基本体能素质之一。就田径运动项目而言,耐力素质在超长跑、中长跑、长距离竞走等周期性运动项目中的作用非常重要。此外,摔跤、柔道等非周期性项目对个体的耐力素质也有较高的要求。

(1)提高身体机能

个体耐力素质的提高对身体各个生理系统机能的改善和提高具有重要作用,具体表现在以下几个方面。

①对心血管系统的作用。第一,改善心率变化。心率高低能表现一个人心脏功能的强弱。一般的,健康的成年男子的心率为 $65\sim75$ 次/分钟,健康的成年女子为 $70\sim80$ 次/分钟。当人体在高温环境中或者精神紧张时心率都会加快。正常情况下,心率和运动强度成正比关系,即运动强度越大,心率越高。但人体的心率值是有极限的,正常人的心率最高值在 $180\sim200$ 次/分钟(平均值为 195 次/分钟)。如果运动员经过一段较长时间的系统的耐力素质训练,其心率会变得比一般人要低,如一般的田径运动员的心率多为 50 次/分钟左右。产生这种生理现象的原因主要有两个:一是心率降低是运动员控制心脏活动能力的中枢神经系统对运动的一种适应性反应;二是心率降低是因为运动员经过训练后心脏容积增大,心肌的收缩能力加强,使心脏的每搏输出量增多。因此可以说,提高耐力素质而引起的个体心率减少,是个体心脏功能改善的表现。

第二,加强心肌力量。个体在参与运动的过程中,有机体循环功能的主要变化是心输出量的增加,各个组织器官的血流量会在运动中得到重新分配,尤其是骨骼肌的血流量迅速增加,以满足有机体在运动中代谢增强时的能量供给。一般情况下,个体心脏的血流量只有最大输出量时的四分之一,它具备一定的储备力。运动实践证明,个体发展耐力素质可增大其心肌力量,进而能有效增加心输出量,从而提高其活动能力。由于每搏输出量的增多是个体的心脏对有机体耐力素质练习的适应性能力提高的重要体现,耐力素质的提高可使运动员的心搏量增大。再则,每搏输出量与最大吸氧量成正比例关系,因此有机体在运动时心搏输出量的变化会直接影响其机体各器官的有氧代谢。此外,心搏量与吸氧量也成正比,当机体的心搏量达到最高峰时,有机体的吸氧量也会相应地达到最高峰。因此,心搏量是决定运动员有氧代谢能力的关键。有氧代谢供能能力又是运动员全身耐力的原动力及构成体力的重要因素,所以个体提高耐力素质可增加体力和精力。

第三,增加毛细血管供血。长期坚持耐力素质训练的人心血管系统的功能会逐渐增强,毛细血管会逐渐增多,由此可使机体内血液的流动更加流畅,增加机体的供血量,各种肌肉组织有氧代谢增强,废物排泄功能也会随之增强,使骨骼肌的耐力提高,不易疲劳。另外,还能增加心脏肌肉组织的血管供血,从而有效防止心脏病的发生。

②对呼吸系统的作用。第一,呼吸肌增强。耐力素质练习需要消耗大量的能量物质和氧气,来供应所必需的能量,同时又产生大量的二氧化碳。因此,对呼吸器官的工作能力具有较高的要求。为了满足耐力素质训练过程中人体各组织氧气需求量,机体不仅要加大呼吸深度,还要加快呼吸的频率,这样就使呼吸肌在运动过程中得到了锻炼,使呼吸肌(膈肌、肋间肌、腹肌等)在运动中得到了增强。个体的呼吸肌发达了,胸围也增大了,呼吸运动的幅度也就得到了扩展。

第二,增大肺活量。生理学认为,呼吸是指人体从自然界中吸入氧气,然后通过机体的新陈代谢过程产生二氧化碳并将其排出体外的过程。机体中,呼吸的主要任务是通过呼吸器官来完成的,这些呼吸器官包括鼻、咽、喉、气管、大小支气管和肺,但进行气体交换的器官只有肺,其他器官是气体的通道。个体的肺活量可反映肺的贮备力量和适应能力、反映呼吸器官的最大工作能力。

耐力素质训练可增大肺活量。正常青年人的肺活量男子为 3 500～4 000 mL,女子为 2 500～3 000 mL;少年儿童的肺活量比青年要小。长期从事耐力素质练习的人的肺的伸缩性和弹性增大,呼吸肌的力量增强,所以肺活量比平常人增大 20 %左右。

第三,加大呼吸深度。一般的,不经常进行体育锻炼的人,其呼吸的主要特征是时浅而快,由于肺活量小,换气效率低,跑时容易气喘。一般青年人安静时每分钟呼吸为 12～18 次,女子比男子稍快,儿童、少年和中老年人都比青年人快。而经常从事耐力素质练习的人,能加大呼吸深度,和同龄人相比,他们的呼吸次数相对来说会减少。自然呼吸越深,次数越少,说明呼吸系统功能越强。

③对消化系统的作用。系统、科学、持久的耐力素质训练对提高个体消化系统的能力具有非常重要的作用。一方面,个体在进行耐力素质练习过程中,其肌

肉运动会不断得到加强,除心血管系统和呼吸系统输送氧气外,还需要胃肠供给营养物质。因此,机体的消化腺分泌的消化液就会增多,消化管道的蠕动也会相应地增强,同时有助于改善胃肠的血液循环,使食物的消化和营养物质的吸收更加顺利和充分。另一方面,个体在进行耐力素质练习过程中,呼吸的不断加快加深能使膈肌大幅度地上下移动,可活动腹肌,对胃肠产生按摩作用,促进机体的消化。

④对神经系统的作用。长期坚持耐力素质训练的人,神经系统功能会有良好的改善,具体表现:一是机体的神经兴奋与抑制、传导与反应机能明显改善;二是可使机体变得精力充沛、精明果断,个体的动作迅速、准确、有力;三是机体对外界刺激的适应能力有明显的提高,在遭遇寒冷侵袭和环境炎热的时候,毛孔收缩和舒张迅速;四是机体对致病因素的抵抗能力有显著的增强。当病菌侵入时,机体能够迅速抵制,保障机体避免受到外界的伤害。

⑤对肝功能的作用。耐力素质训练可改善人体的肝脏功能,具体表现在几个方面:一是在耐力素质训练过程中,有机体内的能源物质——糖的消耗量会增加,而肝脏作为能源物质的"后勤部",机能也相应得到锻炼;二是肝糖原对肝脏的健康极为重要,它能保护肝脏。运动员的肝脏里储备的糖原越多,运动时向外输送越快。长期坚持耐力素质训练,肝脏机能会比一般人高,同时抵抗疾病的能力也更强,在动用肝糖原时也更加经济;三是肝脏是人体中一个重要的消化腺,长期进行科学的耐力素质练习,不仅能提高肝的机能,还能改善消化功能。

(2)对抗机体疲劳

长期、系统的耐力素质训练能有效提高运动员的抗疲劳能力、提高疲劳后机体快速恢复的能力,同时还能使大脑中的兴奋和抑制过程有节奏的交替能力很快恢复并提高。此外,充足的能量物质供应可为有机体发展力量素质、速度素质及灵敏素质等奠定物质基础。

(3)强化意志品质

耐力素质训练对运动员的良好意志品质的培养具有积极作用,可使运动员的良好意志品质得到进一步的强化,如可培养和强化运动员坚毅、顽强、勇于克服困难等意志品质,这对运动员的心理素质的培养及技术、战术的正常发挥具有重要作用。

对于运动员来讲,一方面,随着科技的进步,运动员的训练更加科学先进;另一方面,现代体育竞赛越来越激烈,因此运动员的体能素质和以前相比获得了显著的提升。现代竞技体育比赛中,运动员之间不仅仅是技战术的比拼,还是体力和意志力的较量,因此个体如果没有良好的耐力素质,就不能在体力、心理及技战术方面正常发挥,也很难适应比赛需要。所以说,运动员必须重视自我耐力素质的训练。

2.影响无氧耐力素质水平的因素

最大无氧强度水平取决于肌肉中磷酸盐的数量和其运用速度。具有短跑特征的运动训练可以使无氧强度的指标得到实质性的提高。特别的运动项目往往会在无氧系统能量产生的强度上产生很大的影响,如在短跑、投掷和跳跃运动员的指标上。

在短跑或速度力量活动中,其效果在很大程度上取决于运动员快速动员大量有赖于运用非乳酸无氧能源的能力。科学家的研究结果表明:当完成有一定强度的运动时,训练有素的运动员与一般运动员相比较具有更加高速的高能磷酸盐分解能力。

在有强度的工作中,需氧量不超过 60 ％极限时,肌肉中三磷酸腺苷和磷酸肌酸的含量下降不明显。只有在超过 75 ％～80 ％极限时,肌肉中三磷酸腺苷和磷酸肌酸的含量才会有明显的下降。

在体能训练的影响下,无氧系统能量保障最大能力的指标能够有实质性增长。未经过训练的人的磷酸肌酸释放出的最大能量约为 420 J/kg,或每分钟耗氧 1.5 L～2 L。由于力量速度特点的训练,非乳酸过程的能力可以增长 1.5 倍～2 倍。未经过训练的人的无氧糖酵解能量往往不超过 840 J/kg,血乳酸浓度约为 13 mol/L,而从事专项运动的高级运动员对无氧糖酵解能力有很高的需求,血乳酸浓度往往能够超过 25～30 mol/L,无氧乳酸能力的指标约为 1 760～2 090 J/kg。

在无氧特征负荷下,肌肉长时间的适应会导致肌糖原含量极大地提高,这也将导致糖酵解系统能力的增加。

紧张的有氧训练能给予糖酵解酶活性少量影响。从事诸如长跑、滑雪、公路自行车等耐力项目的运动员往往具有较低的糖酵解潜力。在 70 ％肌肉参与工作的最大负荷连续数分钟期间将引起运动员血液中乳酸浓度达到最高值。乳酸的最大值和负荷后出现时间取决于训练水平,其波动范围也很广。从事需要极限糖酵解能力运动专项的高水平运动员的乳酸值可达 16～22 mol/L,甚至有能够达到 25 mol/L 以上的。这些数据往往是在运动后 5～7 min 记录下来的。而未从事过训练的人和从事需要高水平有氧能力的运动专项的高水平运动员通常乳酸值相对低一些,约在 6～12 mol/L。

从以上分析可以看出,动脉血中的乳酸极限值与运动训练的特点相关,其在很大程度上取决于肌肉组织中的快肌收缩纤维的数量。具有大量这类肌纤维的未经过训练的人在极限负荷时可达到相当高的血乳酸指标。

3.影响有氧耐力素质水平的因素

有氧耐力素质水平是由氧运输系统的能力决定的,其原理是从周围空气中吸收氧气,再将氧气输送到工作肌和其他活性机体,包括身体组织和利用氧的系统组织,即提取和利用被血液运来的氧气的肌肉系统。

在以上系统中的每一个体系都具有这样一些与有氧能力水平联系不密切,和在长时间运动时实际上不限制运动员耐力的环节,以及乃是为达到较高有氧能力的最重要因素的环节。像心脏收缩力和每分钟输血量这样一些心脏工作指标就为达到较高吸氧量起到了重要的作用。心脏收缩力的增强和每分钟输血量的提高是因吸氧量提高了约 50 % 的原因,剩下的增长是某些肌肉细胞吸氧量提高的结果,这在动静脉差的提高中将反映出来,以上这些都是一般特征。

当机体进行有氧工作时,可以从要求耐力的优秀专项运动员身上观察到由最大吸氧量指标反映的有氧能量保障系统的强度最大值。在各种不同的高级专项运动员身上出现的最大吸氧量相对值中有着很大的差别。例如,在高级公路自行车、划船、长跑等项目的运动员身上出现的平均值往往在 $70\sim80$ mL/(kg·min) 的范围中波动。同时,在体操、技巧、跳水运动员身上出现的最大吸氧量相对值为 $35\sim40$ mL/(kg·min)。

糖类储备往往用于较长时间的有氧负荷中,但需要指出的是,为肌肉工作动员的肌肉中的糖原数量并不多,总共只占动员的肌糖原的 10 %。

糖原在肌肉中增加了 50 %~60 % 是决定有氧系统能力的重要时刻之一。在有氧特点下长时间和紧张的工作能力与工作初期肌肉中的糖原数量之间有着相当密切的联系。肌肉中的糖原储备耗尽之后则需要消耗脂肪和血中的葡萄糖来实现补偿。

在负荷强度占最大需氧量水平的 60 %~70 % 的负荷中工作时,获得能量的 50 %~85 % 是通过消耗肌肉组织中的糖类。在肌肉糖类储备耗尽的范围内,肌肉不断地从流动的血液中吸收葡萄糖,从开始工作时的 10 %~15 % 一直增长到在严重疲劳状态中的 50 %,这说明在疲劳条件下肝糖原在开始阶段起着相当重要的作用。

在确定有氧代谢水平的众多因素中最重要的是要区分在动脉血中集中保持氧的外呼吸系统的能力。作为氧运输系统的首要环节,外呼吸系统保障着由肺通气量和氧通过肺膜片向血液中的扩散而使氧进入机体。在训练的影响作用下肺活量得到增加,外呼吸系统的节省化和强度得以提高,肺的扩张能力也加强了。

虽然一些有氧工作耐力水平相当高的运动员的肺活量指标可高达 6～9 L,但在与未参与运动训练的人 2 倍～2.5 倍的肺活量与最大需氧量之间还是没有发现密切的相关联系。尽管在紧张的训练工作中肺活量指标在一定范围内能确定呼吸能力和肺通气水平,但是这些指标并不是限制运动员的有氧能力和达到与完成其他训练任务并行的必备水平。

肺通气量的最大值作为在长时间保持高水平通气量的能力,在很大程度上可以决定最大需氧量水平。经过系统训练的运动员能够在最大肺通气量的 80 ％水平上维持 10～15 min 的工作,在 70 ％的水平上维持 20～30 min 的工作。而未经训练的人在个人最大肺通气量的 70 ％～80 ％水平上却只能维持 3～5 min 的运动。

耐力的增长伴随着呼吸效果极大地增加,每升氧所需的肺通气量减少。因此,在完成有一定强度的工作时会出现很大的差别。

(三)耐力素质训练的注意事项

1.持续练习法练习时的注意事项

(1)循序渐进,合理安排负荷强度

持续练习法负荷的强度一定要控制好,应遵照循序渐进,合理安排负荷强度的练习原则。持续练习法负荷的加大,一是靠延长练习时间,二是靠提高练习强度。练习强度提高,练习时间就相对较短;练习时间延长,练习强度就相对减小。在发展一般耐力时,应控制好练习强度,延长练习时间。发展专项耐力时,可提高练习的强度,适当缩短练习时间。在练习中,可用脉搏来控制练习的强度,一般来说,心率达 130～160 次/分钟时,其练习强度为中等,心率达 180～200 次/分钟时为大强度。

(2)结合实际,合理安排

应根据不同年龄、不同专项和不同训练水平运动员的具体情况以及练习时所要完成的具体任务,采用不同的练习强度和练习时间。如在发展专项耐力时,提高练习的强度,对发展心血管系统机能要求较高。因此,对少年儿童的耐力练习,量不能太大,应把耐力练习作为全面发展身体能力的一个方面来安排,而不宜过多地进行强度过大的耐力练习。

（3）不同周期、不同强度进行耐力练习

用持续练习法发展耐力应贯穿整个训练周期的始终。在训练周期的准备期或休整期发展一般耐力或保持一般耐力水平可采用中小强度的练习。在比赛期一般采用小强度作为机体恢复手段，采用中等强度则是为了保持必要的耐力水平。

2.间歇练习法练习时的注意事项

间歇练习法是在一次或一组练习之后，按照严格规定的间歇时间和积极性休息的方式进行休息，在运动员机体未完全恢复的情况下就进行下一次（组）练习的方法。在进行间歇练习时应注意以下几点。

（1）根据项目特点和具体任务合理安排练习的距离、强度、次数

用间歇练习法发展一般耐力时，如周期性项目中的跑步练习，每次练习的距离要较长，组数应较多，采用中小强度；如发展速度耐力，则距离较短，强度要大，组数以不降低每次练习的速度为限；如发展力量耐力，则采用的负荷重量相对较轻，采用中小强度，练习的次数和组数较多。

（2）根据练习的负荷安排间歇时间

一般来说，跑的强度大，跑的次数则相对较少，这有助于提高速度和速度耐力。跑的强度小，则次数可以增多，这有助于提高一般耐力。在强度较小时，间歇时间可短一些，这样使运动员在练习中有疲劳的积累，提高其抗疲劳的能力。跑的强度较大时，间歇时间可长些，这样可使运动员的机体得到一定程度的恢复，便于进行下一次强度大的跑。无论怎样安排间歇时间，总的原则是不能使运动员在间歇后的心率低于 120 次/分钟。

3.重复练习法练习时的注意事项

重复练习法是在不改变动作结构和运动负荷的情况下，按照预定的要求，反复进行练习的一种方法。在进行重复练习时，应注意以下几点。

（1）每次练习都要保持设计的练习强度

练习的强度是根据运动员本人能承受的最大强度为限，一般均应接近或达到比赛要求的强度，因此在每次练习时都要努力完成预先设计的练习强度的要求。

（2）每次重复练习之间的休息时间要充分

休息的时间应使机体达到基本恢复状态，再进行下一次练习，如用心率控制休息时间，一般应使心率恢复到 100～110 次/分钟。

（3）根据不同项目提出不同的要求

短距离项目,运用重复练习法主要是发展速度,所采用的距离不超过比赛距离。若强度的要求达到比赛的强度,则距离一般应短于或等于比赛距离。如采用重复练习法发展速度耐力,则采用的距离超过比赛距离,强度的安排一般略低于比赛的强度。在非周期性项目的跳跃、投掷中,重复练习法除用于巩固、提高技术外,还可用来发展力量、速度能力及专项耐力。但在练习过程中,重复练习的次数和组数以不降低练习的动作效果或预定的负荷要求为限。

（4）根据练习课的具体任务确定重复练习的强度和次数

进行身体练习,总的来说要以最大强度和最多的重复次数进行练习,但还要视具体发展哪些身体能力而定。如采用跑的手段发展速度,则跑的距离要短,每次跑的强度要达 95 %,重复次数以不降低跑速为限。如以负重的手段发展力量耐力,重复练习时,每次的负重量不宜过大,重复的次数和组数要多,直到做不动为止。

（5）与其他练习相结合,提高练习效果

重复练习法由于反复练习同一动作,这样会使运动员,尤其是少年儿童容易产生单调乏味的感觉,影响练习的积极性。因此,在进行重复练习法时,应与其他练习法相结合,或结合一些游戏、比赛等方法,以提高运动员的兴趣和积极性,取得更好的练习效果。

4.高原练习法练习时的注意事项

（1）海拔高度

高原练习时其海拔高度以 1 800～2 500 m 为有效高度,2 200～2 300 m 为最佳高度。据研究,高度不同对机体的影响和作用也不同,因此在选择高度时应接近最佳高度。

（2）遵循高原练习的程序

高原练习的正确程序是从平原到高原再到平原,经历适应再适应的过程。从平原到高原这一适应过程一般需要一周左右,最好是采用逐渐升高海拔高度或逐渐加大练习强度的方式。经过一段适应过程后,再从高原到平原又有一次不适应过程,这种再适应过程一般也需要一周左右。高原练习的效果一般能保持3～5周时间。

（3）依据比赛日程合理安排练习时间

研究表明,高原练习后的第十天至二十天是创造成绩的最佳时间段。因此,应依据比赛日程,合理安排上高原和下高原的时间,以取得优异成绩。

（4）注意营养和医务监督

高原练习中要特别加强营养和保证充分休息,高原训练在严格的医务监督下才能进行。而如果运动员心脏功能一般,或者训练水平尚未达到这一标准,则不宜采用高原训练的方式。

二、耐力素质训练方法指导

（一）有氧耐力的训练

1.有氧耐力训练参数

（1）负荷强度

发展有氧耐力水平的负荷强度应低于最大强度的 70%,训练内容应当以无氧供能为主。具体强度参考以下心率:

训练强度＝安静时心率＋(最大心率－安静时心率)×70%,70% 这个数值可以有一个浮动,要视训练的实际情况而定。

（2）无氧阈

无氧阈是人体运动时由有氧功能转向无氧功能的临界点,通常以最大吸氧量(VO_2max)的百分比或功率来表示。人体运动的功能超过无氧阈,乳酸指数将急剧上升。欧洲相关专家认为,提高有氧能力的发展水平必须明确规定持续跑的距离和速度。在跑的过程中心率必须达到 27～28 次/10 秒,并持续负荷 30 min 以上。因此,用接近无氧代谢阈的速度训练是发展有氧耐力的有效方法。

（3）持续时间

练习持续时间必须根据专项特点、运动员的需要及训练阶段的不同要求进行安排,练习持续时间应有一定的变化幅度。

（4）重复次数

重复次数需要维持高水平的氧消耗能力,如果不根据这方面进行制定,就会较早感觉疲劳。心率能准确显示运动员的疲劳状态。疲劳增加的同时,承受同等负荷的心率也会上升。心率超过每分钟 180 次时其能力将会降低,这时就应调整训练计划并减少重复次数。

（5）间歇时间

有氧耐力训练一般把间歇时间控制在 4 min 内。因此,为了控制好间歇时间,可采用测量心率的方法进行。即当心率恢复至 120～130 次/分钟时,下一阶段的练习就应该开展。这样使运动员在休息的过程中获取足够的氧气,也使心搏量保持在一定水平上,从而实现对运动员呼吸和心血管系统不间断的刺激。除此之外,在间歇时间内,为了促进机体恢复,采用走或慢跑都是一种较好的活动方式。

2.有氧耐力训练方法

(1)持续负荷法

持续负荷法对于发展有氧耐力的效果非常好。大多数需要有氧耐力的项目如中长跑、马拉松跑、速度滑冰、游泳、赛艇等都可以采用这种方法。如公路自行车、50 km 滑雪等项目的负荷时间还可以更长些,练习强度可通过测定心率等方法计算,心率可控制在每分钟 150～170 次。

持续负荷法的训练效果主要是能提高和改善有氧能力,稳定地完成技术动作,还可以使一些运动项目的技术得到巩固,机体工作能力也可以同时得到提高。

诸如赛艇、游泳、自行车、中长跑等许多项目往往把持续负荷法用于越野跑训练,并取得了突出的成绩。这种方法不仅可用于周期性项目,也适用于非周期性项目,如球类运动、摔跤、拳击等的准备阶段。

(2)间断负荷法

①间歇训练法。间歇训练法对于耐力素质的发展非常有效。训练时的间歇时间主要根据心率确定,并不要求运动员必须达到充分恢复。重复距离则可根据时间或距离本身确定。为达到最佳的训练效果,就应该同时采用以下三种训练方法:

首先是短距离间歇训练:这种训练往往持续练习 15～90 s,主要发展无氧耐力;

其次是中距离间歇训练:持续练习 90 s～8 min,使两种供能系统共同发展;

最后是长距离间歇训练:这种训练持续 8～15 min,对有氧耐力的发展非常有效。

第一,强度。短距离及中距离的训练心率要达到每分钟 170～180 次。长距离间歇训练的心率应达到每分钟 160～170 次。足够的强度才能够有效锻炼心脏的功能。强度过低(心率低于 130 次/分钟)或过高(心率高于 180 次/分钟)都不能有效地达到训练目的。

第二,负荷数量。负荷数量一般以距离(m)和时间(s、min)来表示。其基本要求是一次练习负荷的数量不要过多,若一次练习负荷数量多、持续时间长,则会导致工作强度下降,不利于心脏功能的提高。

第三,持续时间。有氧训练的持续时间往往是 60～90 s,整个练习的持续过程则应当保持在 30 min 以上。

第四,间歇时间。间歇时间应当控制在运动员心率恢复到每分钟 120～140 次时进行下一次练习。

第五,练习组合。有氧耐力的间歇训练法主要有两种组合形式:第一种是分段练习,根据次数和组数安排训练;第二种则是连续间歇法。

②重复训练法。重复训练时负荷量应保持在 4～8 个比赛距离。

(3)高原训练法

很多竞技运动强国对高原训练的机制、作用及其具体训练方法进行了多方面研究,并取得了一定成效。下山后在高原训练的效应期间有助于提高比赛成绩。欧洲某些项目的运动员为了模拟高原低氧训练环境而提高专项成绩,在模拟的高原实验室进行训练。诸如东非高原的肯尼亚以及我国云南长跑运动员的突出成绩都为高原训练的重要性提供了可靠依据。

高原训练的重要作用主要在于以下几方面:

第一,高原训练能提高有氧代谢能力以及与有氧代谢和无氧代谢有关的综合能力,使心血管系统和呼吸系统的水平明显提高,毛细血管变粗,组织供氧状况改善。相关研究结果表明,高原训练能使最大吸氧量提高,最大吸氧量的百分利用率降低,肺活量增加,能量消耗降低,心脏每搏动 1 次所获得的氧气量增加,运动员机体氧运输系统效率得到明显改善。

第二,高原训练能促进红细胞增加、血色素上升。

第三,高原训练能增强肌细胞的新陈代谢能力和机体机能的无氧供能能力,提高承受高乳酸负荷的耐受力。

目前,高原训练除了在中长跑、马拉松、游泳、滑雪、自行车等耐力项目中得到了比较广泛的应用,还在一些非耐力项目训练中也开始采用。由于特点不同,所采取的具体做法有较大区别。如有专家提出游泳项目高原训练的最佳模式应是准备训练 3 周、高原训练 3 周、下山赛前训练 3 周,共 9 周的时间,并要根据机体不适应、适应和提高巩固的过程来科学地安排训练。长跑和马拉松训练则以采用 10 周循环为宜。我国专家对此进行深入研究后指出,采用 10 周训练法具有以下特点和作用:

第一,使训练和比赛有机地融为一体,加快了训练节奏,有利于训练水平的稳定和提高。

第二,加强了训练难度和实效性。10周训练法采用小周期训练,每一个循环又分为准备、加量、强化、调整比赛四个阶段。各个阶段紧密衔接、转换快、密度大、系统性较强。

第三,降低了过度训练的发生率。

第四,避免了大周期训练的不足之处和训练上的盲目性,保证了系统训练,并对延长运动寿命有积极作用。专家还进一步提出10周训练法的指导思想,即以耐力训练为根本,以速度耐力训练为中心,以力量耐力训练为保证,以系统训练为关键,采用节奏明显的小周期训练。

采用高原训练法应注意以下问题:

第一,高原训练效果与上山前的准备、下山后的赛前训练安排密切相关。因此,上山前应进行充分的有氧能力训练和准备,下山后的赛前训练应合理地安排,以取得最佳成绩。

第二,应根据不同项目的特点,系统、合理地安排。

第三,要十分注意预防伤病,并应对运动员的身体机能状况进行全面的同步综合观察和测试。

第四,应有良好的恢复措施,以加速消除训练后疲劳。

第五,高原训练和平原训练相结合,训练效果更佳,成绩提高更快。

除上述论及的发展有氧耐力的训练方法外,负重训练法、越野训练法、丘坡训练法、循环训练法、12 min跑测验法等也是发展有氧耐力的有效方法。

3. 有氧耐力与无氧耐力的关系

大多数运动项目的有氧供能和无氧供能都有一定比例。同样,各种训练手段对提高有氧耐力或无氧耐力也有一定比例,因此在训练中应根据专项要求选用不同的方法,使训练更有针对性。

(二)无氧耐力的训练

运动员无氧耐力的发展水平主要取决于三个因素。

一是无氧代谢能力,它是决定无氧耐力的最重要因素之一。在耐力项目中,不同距离竞速项目无氧供能比例不同。无氧供能比例越大,对无氧耐力要求越高。无氧耐力训练时由于欠下大量氧债,血液中可出现极高水平的乳酸,说明无氧耐力训练时主要采用的是无氧糖酵解的供能方式。研究发现,无氧耐力水平越高的运动员耐受乳酸的水平也越高,负欠氧债也越多。例如,一般人可欠氧债 5～6 L,运动员则可达 10～13 L,优秀运动员可达 19～20 L。因此,运动员负欠氧债的最大数量是衡量无氧代谢能力的重要指标。

二是能源物质,包括三磷酸腺苷、磷酸肌酸、糖原等的储备。

三是肌肉、关节、韧带等支撑运动器官对长时间大强度工作的承受能力。因此,为了发展无氧耐力水平,必须提高运动员无氧代谢能力,保持运动训练中必需的能源物质储备,提高支撑运动器官功能,这也是发展无氧耐力的主要途径。

根据供能机制的不同,在训练实践中又往往把无氧耐力分为乳酸供能无氧耐力和非乳酸供能无氧耐力。乳酸供能无氧耐力的供能机制是糖酵解,非乳酸供能无氧耐力的供能机制与三磷酸腺苷、磷酸肌酸的无氧分解有关。

1. 乳酸供能无氧耐力的训练

(1)强度

强度要比发展有氧耐力的强度大得多,一般应达到本人可以承受的最大强度的 80%～90%,心率可达到 180～190 次/分钟。

练习中必须使机体处于无氧糖酵解状态,并产生乳酸。

(2)负荷持续时间

负荷持续时间应长于 35 s,一般可控制在 1～2 min,以游泳为训练手段,游程应控制在 50～200 m;以跑为训练手段,跑距应控制在 300～600 m。训练实践证明,乳酸供能无氧耐力对提高田径中距离跑项目极为重要。跑 300～600 m 段落,特别是 400 m 段落后,血乳酸值最高可达 36 mmol/L 以上,因此采用 300～600 米段落的训练,对于提高糖酵解能量供应是最适宜的。

(3)练习次数、组数和间歇时间

练习次数与组数应根据训练水平、跑速、段落长度和组间间歇时间而定。若采用 200～400 m 段落,则每组可有 3～4 次重复跑,共练习 3～4 组;若采用 500～600 m 段落,则可重复 2～3 组。每组练习的间歇时间和组间间歇时间应该很短,使之不带有任何有氧代谢性质。总的原则是段落短、间歇时间也短。英国著名的中跑选手史蒂夫·奥维特(Steve Ovett)跑 2×300 m×4 组,300 m 之间的间歇仅 15～30 s,速度 37～38 s,组间休息 5 min。只有高水平运动员才能采用这种间歇方法。

2. 非乳酸供能无氧耐力的训练

（1）强度与练习持续时间

主要采用大强度，即采用本人可以承受的最大强度的 90 %～95 % 的强度进行练习，以保证机体动用磷酸肌酸等能源物质。练习持续时间一般为 5～30 s。

（2）重复次数与组数

重复次数以不降低训练强度为原则。重复次数宜多，如每组 4～5 次。练习组数应视运动员具体情况而定，对训练水平高的运动员，练习组数可多一些，反之宜少一些。训练中最好采用多组方式，如每组练习 4～5 次，重复 5～6 组。

（3）间歇时间

间歇时间有两种具体做法。第一种是短距离的间歇安排，间歇时间为 50～60 s。这种间歇安排的目的在于保证机体动用磷酸肌酸为能源。第二种是较长距离的间歇安排，时间 2～3 min。这样做的目的在于保证机体磷酸肌酸能量物质通过间歇时间的休息能得到尽快恢复。练习的组间间歇时间相对长一些，如 5～10 min，这样可使磷酸肌酸能量物质通过间歇时间的休息能得到尽快恢复，以便进行下一组练习。

为了提高非乳酸无氧耐力，一次间歇训练课的总量一般为 700～1 000 m，这样不仅可以提高非乳酸无氧耐力，而且适合发展短跑运动员的速度耐力。采用间歇训练发展非乳酸无氧耐力与发展速度的区别在于，发展非乳酸无氧耐力间歇时间短，并要求在没有恢复的情况下继续以高强度跑下一段落。

此外，模拟训练法对发展无氧耐力和比赛能力也极为有效。

（三）一般耐力的训练

一般耐力是运动员多种耐力水平的综合表现，是专项耐力的基础，是提高各项目运动员成绩的必要前提，发展一般耐力的方法主要介绍以下两种。

1. "法特莱克"训练

法特莱克训练法又叫"速度游戏"，是斯堪的纳维亚半岛国家和德国运动员在 20 世纪 20 年代创造的一种训练方法。训练时运动员可以充分发挥主观能动性，随自己的意愿进行练习。法特莱克训练法要求运动员在自然条件下把快慢间歇跑、重复跑、加速跑和走等练习不规则地混合在速度游戏练习中。跑的距离一般为 5～15 km，跑的速度、休息时间、练习方式由运动员的身体感觉和训练任务来决定。欧洲专家指出,法特莱克训练法是一种严谨的身体训练体系,可以使运动员充满信心,足智多谋。在这一过程中运动员不受限制地发展智力、一般耐力水平和体能。

2.循环训练

循环训练是根据训练的具体任务,有目的地建立几个或多个练习站,每个站由一个或几个与发展一般耐力有关的练习组成,使运动员按规定的顺序、路线,每站所规定的练习数量、方法和要求,一站一站地进行练习,可循环一周或几周。由于循环训练中的下一个站的练习,是在上一个站练习对身体刺激留下痕迹的基础上进行的,因此从第二个练习站起,每站练习几乎都超过前站练习的负荷。所以,循环训练对改善和发展血液循环系统、呼吸系统的功能具有显著作用,同时还可以使运动员各部位肌肉受到全面的影响,局部肌肉负荷与休息得到交替,运动员的练习兴趣得到提高,故循环训练对促进一般耐力发展具有积极作用。

(四)专项耐力的训练

专项耐力训练的内容是那些在动作形式、结构和对机体功能系统所起作用方面,最大限度接近比赛动作的专项练习。不同的运动项目专项耐力的表现又具有不同的特点。因此,为了发展专项耐力必须根据各个项目的专项特点,选择适宜的训练内容、方法和手段。

如长跑、马拉松赛、竞走、越野滑雪、公路自行车赛等体能类周期性竞速性长距离耐力项目对运动员专项耐力的要求是以尽可能快的平均速度通过全程。因此,必须从发展有氧耐力水平入手,去发展这些项目运动员的专项耐力。

如田径中距离跑、200～400 m 游泳等体能类周期性竞速性中距离项目对运动员专项耐力的要求也是以尽可能快的平均速度通过全程。这种专项耐力的重要供能形式为无氧代谢,无氧过程的比重往往超过有氧过程,氧债可达极限(20 L),血乳酸浓度达 18 mmol/L 以上,如田径短跑、50～100 m 游泳、赛场短距离自行车、短距离速滑及短距离赛艇、划船等体能类周期性短距离速度项目对运动员专项耐力的要求是以最快的移动速度通过全程。因此,无氧代谢能力是决定这类项目运动员专项耐力水平与专项成绩的重要因素。在练习过程中不仅要发展无氧代谢能力,而且要求运动员注意力高度集中,神经状态稳定,并在复杂条件下控制动作协调性,充分发挥速度能力。

体能类速度力量项群运动员专项耐力的主要表现:以最大强度重复完成完整

比赛动作的能力。例如:举重运动要求运动员在抓举、挺举各三次试举中一次比一次举起更大的重量;标枪和铁饼选手力求六次试投都达到理想的远度;跳高运动员要在长达数小时的比赛中一次比一次跳得更高。因此,训练内容与手段主要以多次重复完成比赛动作或接近比赛要求的专项练习为主,负荷要求以极限或极限下强度完成,如隔网对抗、同场对抗、格斗对抗等技能类对抗性项群的比赛时间较长,因此对运动员专项耐力的要求是在整个比赛过程中表现出最佳技能和体能,特别是球类项目,由于比赛时动作方式和数量广泛,没有统一标准,也不可能事先准确确定比赛所要承担的负荷。由于积极的运动与相应的间歇交替,总的负荷量很大,因此对耐力储备和有氧供能体系有很高要求。另一方面,这些项目又带有大量如加速移动、进攻、打击等极限强度的动作,因此对无氧供能体系也提出了相当高的要求。为了发展专项耐力,训练中既要安排极限强度的动作练习,又要注意安排长时间专项对抗练习或专项练习,有时甚至可以安排超过正常比赛时间或局数的练习。

第四章　灵敏与柔韧素质训练

第一节　灵敏素质训练

灵敏素质主要表现在运动技能、神经反应和各种身体活动能力的综合运用上，是一种复合运动素质。许多项目都要求运动员在时空极具变化的条件下能够迅速对动作进行准确的判断、快速敏捷、灵活应变和快速改变身体或身体某部位运动的方向。因此，灵敏素质的训练是运动员运动训练的基本素质。

球类、滑雪、武术、散打、拳击、摔跤、击剑、体操等运动项目中，要求运动员在突然变化的条件下能迅速表现出对动作的准确判断与灵活应变、敏捷的反应速度、高度的自我操纵能力以及迅速改变身体或身体某部位运动方向的能力。这些都是灵敏素质的表现内容。因此，灵敏素质的提高与发展在体育运动项目中极为重要。

一、灵敏素质概述

(一)灵敏素质的概念

灵敏素质是指人体在各种突然变换的条件下，快速、协调、敏捷、准确地完成动作的能力。它是运动员的运动技能、神经反应和各种身体素质的综合表现。

灵敏素质之所以是运动技能、神经反应和各种素质的综合表现，是因为不同训练项目对动作的要求都有不同程度的体现。它建立在力量、速度、耐力、柔韧等多种素质和技能之上。

通过力量特别是爆发力量，控制身体的加速或减速；通过速度，特别是爆发速度，控制身体移动、躲闪、变换方向的快慢；通过柔韧保证力量、速度的发挥；通过耐力保证持久的工作能力。

能够将这些素质综合运用并熟练掌握动作技能，在中枢神经支配下，才能灵活地运用，使其动作不断地完善和技能不断提高。因为神经反应的快慢决定了反应速度的快慢、判断是否准确、随机应变及时做出应答动作的快慢，所以反应迅速、判断准确、及时做出应答动作是灵敏素质的先决条件，各素质协同配合是完成应答动作的基础。运动员的身体素质的某一项得到了发展,并熟练地掌握了运动技能,灵敏素质就能得到充分的发展和提高。

所以说,身体综合素质越好,完成动作越熟练,所表现的灵敏素质就越好。灵敏素质离不开其他素质和运动技能,现实中根本没有单纯的灵敏素质。

灵敏素质没有客观衡量标准,只能通过动作的熟练程度高低来显示灵敏素质的高低。其他素质的测定都有其客观的衡量标准,灵敏素质则没有。例如:我们常见的力量素质是用重量的大小来衡量,单位是公斤;速度是用距离和时间的比来衡量,单位是 m/s;耐力用时间的长短或重复次数的多少来衡量;柔韧用角度、幅度的大小来衡量;而灵敏素质只有用迅速、准确、协调完成动作的能力来衡量。例如,在判断运动员躲闪能力时,必须通过躲闪动作来体现,灵敏度越高,躲闪的速度就越快。因而,灵敏程度的高低决定了躲闪速度的快慢。同时,躲闪的能力也离不开其他素质,如反应能力和判断能力的素质要求。

速度力量又决定了反应动作的快慢,因此运动员在没有做出躲闪动作之前,无法衡量在躲闪方面的灵敏素质,诸如急跑急停、转体、平衡等动作也都如此。

判断和评价灵敏素质主要从以下三个方面来衡量。

第一,能力上:具有快速的反应、判断、躲闪、转身、翻转、维持平衡和随机应变的能力。

第二,动作上:在完成动作时,是否能自如地操纵自己的身体,在任何不同的条件下都能准确熟练地完成动作。

第三,其他素质上:是否能把力量(爆发力)、速度(反应速度)、耐力、协调性、节奏感等素质和技能通过熟练的动作综合表现出来。

在不同项目的体能训练中,对灵敏素质的要求也不相同,主要体现在以下三个方面:①球类项目和部分对抗项目中,要求反应、判断、躲闪、随机应变方面的灵敏素质。②体操、跳水等项目则需要身体位置迅速改变及空中翻转方面所表现的灵敏素质。③滑雪、滑冰要求迅速调整身体平衡、快速改变身体方向等方面的灵敏素质。

以上所列举的项目,能够体现灵敏素质的作用,即灵敏素质在于优美、熟练、准确地完成动作,并在体能训练中有突出的表现。

(二)灵敏素质的分类

根据体能训练目的和项目类型的不同,通常将灵敏素质分为一般灵敏素质和专项灵敏素质。

各专项体能训练对灵敏素质有着不同的要求。

球类项目和格斗类项目的动作变化较多,没有固定的程序和动作模式,是根据场上的变幻莫测的情况,随机应变,从而改变动作的方向、速度、身体姿势,主要强调反应、判断、躲闪、移动、随机应变、动作敏捷等能力。

体操、跳水等运动项目则侧重要求快速改变身体位置、空中翻转、时空感、节奏感和控制身体平衡等方面的能力。

灵敏素质具有明显的项目特点,必须根据专项技能的特异性,发展专项所需的灵敏素质。

1.一般灵敏素质

一般灵敏素质,是指在各种活动中,人体在突然变换条件下,迅速、准确、合理完成各种动作的能力。它是灵敏素质发展的基础。

2.专项灵敏素质

专项灵敏素质,是指在专项体能训练中,人体迅速、准确、协调自如地完成专项各种技术和战术动作的能力。它是在一般灵敏素质的基础上,多年重复技战术训练和提高专项技能的结果。

(三)灵敏素质的意义

灵敏素质是协调发挥各种身体素质能力、提高技术动作质量、创造优异成绩的重要条件。它在体能训练中主要有两点意义。

第一,是运动员在体能训练中,准确、熟练、协调完成动作,提高运动技能和身体素质的重要保证。

第二,良好的灵敏素质能帮助运动员在运动比赛中巧妙地战胜对手,取得优异的成绩。

二、灵敏素质训练的影响因素

影响灵敏素质的因素是多种多样的,其中主要有解剖、生理、年龄、性别、疲劳、情绪、运动经验和气温等。

(一)解剖因素

1.体型

不同运动项目的体能训练对体型的要求也不相同。例如,篮、排球运动项目具有篮高、网高的特点,要求运动员必须身材高大。足球项目的场地大、范围广,就要求运动员在体能训练方面注重速度、耐力、灵活的动作、快速的反应并能充分进行合理冲撞的训练,因此建议选身高、体重在中上等的、下肢有力的运动员。跳高项目就要求运动员身材高大、体型偏瘦、躯干短、下肢长,下肢长、重心高、摆动半径大获得的反作用力大,身瘦体轻有利于空中控制身体顺利过竿。

从以上不同项目的体能训练特点来看,不同的项目要求不同的体型,这种体型必须有利于本专项技术的发挥,能在本专项中表现出高度的灵敏素质来,因此灵敏素质的好坏并不是由体型来定义的。但一般情况下,过高而瘦长的、过胖的或梨形身材的运动员,灵敏素质不高;"O"形腿、"X"形腿的人缺乏灵活性;肌肉发达的中等或中等以下身高的人,往往有高度的控制力而表现得非常灵活。

2.体重

体重是由脂肪、肌细胞、水、矿物质构成。其中,脂肪和肌细胞的增长占有重要的比例,当每日的饮食能量超过一天的标准时,其多余的部分就会引起脂肪增长。而肌细胞增长是通过锻炼来实现的,锻炼能促进肌细胞增长。脂肪过多影响肌肉收缩效率,增加了不必要的体重等于增加了体能训练时的阻力,从而影响了身体的灵活性,因此必须进行合理的训练增加肌肉比重,再配以低卡进食逐渐减少脂肪。

(二)生理因素

1.神经过程的灵活性

高度的灵敏素质是在其娴熟的运动技能基础上表现出来的,也就是在大脑皮层分析综合能力高度发展的情况下体现的。大脑皮层的分析综合能力是在时间和空间上紧密结合进行的。因此,在学习每一个动作时都要按一定顺序进行,大脑皮层概括动作的难易度,所给予的刺激也按一定顺序正确地反应出来,多次重复会形成熟练动作。

例如,篮球运动中的上篮动作。

第一,通过视觉判断上篮时的距离及篮的高度。

第二,通过位觉感觉起跳后身体的空间方位。

第三,通过皮肤触觉感知地面硬度及手投篮的力量。

这些刺激所引起的兴奋传到大脑皮层相应区,都按严格的时间和顺序产生兴奋、抑制,经过多次强化,各感觉中枢与运动中枢的动觉细胞发生暂时联系而形成运动技能。

只有通过大量动作的重复训练,使动作不断地熟练,才能在突然变化的环境中把这些动作顺利地完成,使大脑皮层的兴奋和抑制的转换能力加强,从而提高大脑皮层神经过程的灵活性。通过这样的体能训练,任何环境中都能熟练地把这些动作表现出来。

运动实践证明,不同的体育项目都有不同的体能训练方法(例如:篮球的传球、运球、投篮;足球的传递、带球、射闪、射门;体操的空翻、回环、倒立、全旋等),只有掌握了这些专门的技能,并且在体能训练中运用自如,才能使运动员的专项体能水平迅速提高。而灵敏素质寓于这些运动技能之中,以动作形式灵活熟练地表现出来。因此,基本动作、基本技术掌握得越多越熟练,不仅学习新的动作快,而且在战术运用中也更富有创造力,人也显得灵活,随机应变能力更强,从而表现的灵敏素质也更高。

2.运动分析器的机能

人体在完成动作时,肌肉产生收缩,通过肌肉肌梭(感知肌纤维长度、张力变化)、腱梭(感知牵张变化)产生的兴奋传入神经中枢进行分析综合活动而感知身体在空间的位置、姿势及身体各部位的运动情况,并与视觉、位觉、触觉及内感受器相互作用,实现空间方位感觉。在肌肉感觉及空间方位感觉的基础上,大脑皮层才能随环境变化调节肌紧张,以保证实现各种协调精确的动作。运动分析得越完善,则运动员对肌肉活动用力大小、快慢肌分析能力越高,完成动作时的判断越精确。有些运动员即使闭上眼睛也能完成某些动作,这就是运动分析的作用。

在体能训练中,有的运动员脚表现得灵活,有的手表现得灵活,这是因为经常使用哪些部位,哪些部位也就表现得较灵活。如参加网球训练的运动员习惯用哪只手,哪只手就相对灵活,篮球要求运动员左右手运球、投篮都应灵活,足球运动中要求左右脚射门、带球都应灵活,体操运动中运动员习惯一个方向的转体、一个方向的全旋等,这是因为支配该部位运动器官的神经中枢的分析综合能力高度完善的原因。

3.前庭分析器的机能

前庭分析器对空翻、转体及维持身体平衡、变换身体的方向位置的灵敏性有很大作用。前庭分析器包括耳石装置和三个半规管。下面主要介绍三个半规管的作用。

三个半规管在颅内相互垂直,所以当身体朝任何方向旋转时,都能接受刺激,调整身体的平衡,但三个半规管接受的刺激是不一样的。

第一,当作横轴向前或向后翻转时,水平面和横面内的半规管的内淋巴液在翻转开始和结束时,对壶腹内毛细胞起作用,而纵面内的半规管的内淋巴液做圆的滚动,由于翻转惯性内淋巴液在整个翻转过程中起作用,所以滚横轴翻转时,纵面内的半规管(上半规管)起主要作用。

第二,围绕纵轴转体时,水平面内的半规管(外半规管)起主要作用。

第三,做矢状轴翻转时,横面内的半规管(后半规管)起主要作用。如果完成空翻转体动作时,要求三个半规管的转换能力要强。

由于前庭分析器的作用,身体在翻转时,才能感觉身体在空间位置的变化,并借助各种反射来调节肌紧张以完成翻转动作。因此,从事体操、蹦床、小弹板等体能训练能提高和改进前庭分析器的机能,体操中的一些训练可用于提高其他项目运动员的灵敏素质的辅助训练。

(三)年龄、性别因素

1.年龄因素

人从出生到 7 岁左右,平衡器官就已经得到了充分的发展。到 12 岁左右,灵敏素质得到稳定提高,这个时期是提高动作频率、反应速度及单个动作速度的最佳年龄,因此从事体操体能训练的人应尽量多体会一些难度较大的翻转动作。13～15岁为青春期,身高增长较快,灵敏素质相对有所下降,以后随年龄增长又稳定提高直至成人。

2.性别因素

灵敏素质与性别有关。在儿童期,男女孩的灵敏素质不存在较大差异,在进入青春期后,男孩的灵敏素质高于女孩,在青春期以后,男子灵敏素质的发展明显高于女子。女子进入青春期,由于体重增加,有氧能力下降,内分泌系统变化,灵敏素质会一度出现明显的生理性下降趋势。所以,在了解这一规律的同时,就应在青春期以前加强女子的灵敏素质训练,使之得到较好发展。

(四)疲劳因素

运动员在体能训练疲劳时动作反应迟钝、速度降低、动作不协调,其灵敏性也会明显下降。这主要是因为疲劳将导致中枢神经系统灵活性与机体活动能力降低。由于大脑皮质的能源供应不足(缺乏三磷酸腺苷),从而产生保护性抑制,使肌肉力量不能发挥,因此在发展灵敏素质训练中和训练后都要注意恢复,及时消除疲劳。在兴奋性比较高、体力充沛的时候发展灵敏素质效果最好。

(五)情绪因素

人的情绪在高涨时显得特别灵敏,而情绪低落时,灵敏性则会降低。因此,运动员的情绪会影响感觉的机能,良好的感觉机能会使动作表现得更为准确,反应迅速,并且在空间和时间上表现出准确的定时定向能力。

由于体能训练环境的影响及其他生理、心理原因会导致情绪的变化,可能会过度兴奋,使兴奋扩散不能集中,造成身体失控;也可能过度抑制,精神不振,造成动作无力不协调。因此,综合素质全面的运动员在体能训练时应学会自我情绪的调节,使自己在体能训练中具有相适宜的情绪。

运动员情绪高涨时,其头脑清晰,身体充满力量,对完成动作充满信心,身体觉得轻快灵活。例如:篮球运动中,运动员投篮命中率的提高;体操运动中,运动员完成动作自然、调控能力强;足球运动中,运动员感到球在自己脚下随心所欲;等等,达到这种程度除身体素质好、技术熟练外,主要是良好情绪的作用。但这种状态有时不是人的意识所能决定的,应加强心理训练,提高对环境的适应能力和学会调节自身情绪等。

(六)运动经验因素

科学理论证明,掌握基本技术越多、越熟练,不仅学习新的运动技能快,而且技术运用也显得更灵活,更富有创造力,表现出的灵敏素质也就越高。因为长期学习、运用各种技术动作和提高运动技能,可以丰富人的运动实践经验,增加身体素质和技术动作"储备",从而促进灵敏素质水平的不断提高。

(七)气温因素

气候阴雨潮湿,天气温度差别大,也会降低关节的灵活性与肌肉韧带的伸展性,造成灵敏性下降。因此,运动员在进行体能训练时,要注意气温的变化,自我调节身体机能,以提高身体的灵敏素质。

三、灵敏素质训练的基本方法

灵敏素质是各种素质的综合反映,受遗传因素影响很大。教练应尽可能采取逐渐增加复杂程度的训练方式,也可以通过改变条件、器械、器材等方式增加技术动作的复杂性和难度,来提高运动员的灵敏素质。同时,还应着重培养和提高运动员掌握动作的能力、反应能力、平衡能力、观察能力、节奏感等。

(一)灵敏素质训练方法分析

1.灵敏素质训练基本方式

第一,在跑、跳中做迅速改变方向的各种躲闪、突然起动以及各种快速急停和迅速转体训练等。

第二,做各种调整身体方位的训练。

第三,做专门设计的各种复杂多变的训练,如用"之字跑""躲闪跑""穿梭跑"和"立卧撑"四项组成的综合性训练。

第四,以非常规姿势完成的训练,如侧向或倒退跳远、跳深等。

第五,限制完成动作的空间训练,如在缩小的球类运动场地进行训练。

第六,改变完成动作的速度或速率的训练,如变换动作频率或逐步增加动作的频率。

第七,做各种变换方向的追逐性游戏和对各种信号做出应答反应的游戏等。

2.灵敏素质训练具体方法

发展灵敏素质的途径主要包括徒手体能训练、器械体能训练、组合体能训练和游戏等。

(1)徒手体能训练

①单人体能训练:弓箭步转体、立卧撑跳转体、前后滑跳、屈体跳、腾空飞脚、

跳起转体、快速后退跑、快速折回跑等训练。

②双人体能训练:障碍追逐、手触膝、过人、模仿跑、撞拐、巧用力等双人训练。

(2)器械体能训练

①单人体能训练:单人体能训练包括各种形式的个人运球、传球、顶球、颠球、托球等训练,单杠悬垂摆动、双杠转体跳下、挂撑前滚翻、翻越肋木、钻栏架、钻山羊以及各种球类运动、技巧运动、体操运动的专项技术动作训练等。

②双人体能训练:各种形式的传球、接球、抢球,包括吊球、扑球、跳起踢球、接球翻滚等,以及双杠杠端支撑跳下换位追逐、肋木穿越追逐等体能训练。

(3)组合体能训练

①两个动作组合体能训练:主要有交叉步—后退跑、后踢腿跑—圆圈跑、侧手翻—前滚翻、转体俯卧—膝触胸,变换跳转髋—交叉步跑、立卧撑—原地高抬腿跑等训练。

②三个动作组合体能训练:主要有交叉步侧跨步—滑步—障碍跑、旋风脚—侧手翻—前滚翻、弹腿—腾空飞脚—鱼跃前滚翻、滑跳—交叉步跑—转身滑步跑等训练。

③多个动作组合训练:主要有倒立前滚翻—单肩后滚翻—侧滚—跪跳起、悬垂摆动—双杠跳下—钻山羊—走平衡木、跨栏—钻栏—跳栏—滚翻、摆腿后退跑—鱼跃前滚翻—立卧撑等训练。

(4)游戏

发展灵敏素质的游戏具有综合性、趣味性、竞争性的特点,能引起训练者的极大兴趣,使人全力以赴地投入活动,既能集中注意力、积极思考、巧妙应对复杂多变的活动场面,又能锻炼提高神经系统的灵活性和反应过程,有效地提高身体素质和运动技能。发展灵敏素质的游戏主要包括各种应答性游戏、追逐性游戏和集体游戏等。

(二)灵敏素质训练方法举例

发展灵敏素质需从专项特点出发,重点综合发展反应、平衡、协调等能力。

1.反应能力训练

①做与口令相反的动作。

②按有效口令做动作。

③原地、行进间或跑步中听口令做动作。例如,喊数抱团成组,加、减、乘、除简单运算得数抱团组合,看谁最快等。

④一对一追逐模仿。

⑤一对一抢对方后背号码。

⑥听信号或看手势急跑、急停、转身、变换方向训练。

⑦听信号的各种姿势起跑,如站立式、背向、蹲、坐、俯卧撑等姿势。

⑧跳绳。例如,两人摇绳,从绳下跑过转身,从绳上跳过等。

⑨一对一脚跳动猜拳、手猜拳、打手心手背、摸五官等训练。

⑩各种游戏,如叫号追人、追逃游戏、抢占空位、打野鸭、抢断篮球等。

2.平衡能力训练

①一对一面向站立,双手直臂相触,虚实结合相互推,使对方失去平衡。

②一对一弓箭步牵手面向站立,虚实结合互推互拉,使对方失去平衡。

③各种站立平衡,如俯平衡、搬腿平衡、侧平衡等。

④头手倒立,如肩肘倒立、手倒立停一定时间。

⑤在肋木上横跳、上下跳训练。

⑥急跑中听信号完成急停动作。

⑦在平衡木上做一些简单动作。

⑧发展旋转的平衡能力训练。

3.协调能力训练

①一对一背向互挽臂蹲跳进、跳转。

②模仿动作训练。

③多种徒手操训练。

④双人头上拉手向同方向连续转。

⑤脚步移动训练。例如,前后、左右、交叉的快速移动,单脚为轴的前后、转体的移动。左右侧滑步、跨跳步的移动。

⑥跳起体前屈摸脚。

⑦双人跳绳。

⑧做不习惯方向的动作。

⑨改变动作的连接方式。

⑩选用健美操、体育舞蹈中的一些动作。

■简单动作组合训练。例如,原地跳转 360°接跳远、前滚翻交叉转体接后滚翻、跪跳起接挺身跳等。

■双人一手扶对方肩,一手互握对方脚腕,各用单脚左右跳、前后跳、跳转。

四、灵敏素质训练的注意事项

(一)训练方法经常改变

灵敏素质的发展与各种分析器和运动器官机能的改善有密切的关系。运动员对动作的熟练程度一旦达到对某一动作技能熟练到自动化程度时,再用该动作去发展灵敏素质的意义就不大了。为此,发展灵敏素质训练的方法应是多种多样的,并且要经常改变。这样不仅可以使人掌握多种多样的运动技能,还可以提高人体内各种分析器的功能,使运动员在体能训练中能够表现出准确定向和定时的能力。

(二)掌握部分基本动作

体能训练中运动技能的本质是条件反射,这种在大脑皮层中建立的条件反射暂时联系的数量越多,临场时及时变换动作就越迅速准确。运动员在已掌握的运动技能的基础上,可以快速形成新的应答性动作来应对突然发生的情况。

(三)把握训练最佳时期

灵敏素质是在中枢神经系统的指挥下,各种能力的综合表现。人体的神经系统发育期较早,一般在青年时期就已发育成熟,在反应能力、动作速度、平衡能力和节奏感等方面具有很大的发展潜力,这些都为发展灵敏素质提供了有利的条件。因此,应抓紧在这一时期进行灵敏素质训练。

(四)合理安排训练时间

灵敏素质的训练在整个训练过程中都应该适当安排,并使之系统化。但训练时间不宜过长,训练重复次数不宜过多。肌体疲劳时不宜安排灵敏素质训练。有经验的教练都是根据不同训练过程的特点来安排灵敏素质的训练。

例如,随着比赛临近,技术训练比重增加,协调能力的训练相应加强;准备期以一般灵敏素质训练为主,比赛期以专项灵敏性训练为主。在一次训练课中应尽量把灵敏素质的训练安排在课的前半部分。

(五)充足训练间歇时间

足够的间歇时间可以保证氧债的偿还和肌肉中三磷酸腺苷能量物质的合成。但休息时间又不可过长,因为休息时间过长会使中枢神经系统的兴奋性大幅度下降,在下次训练中就会减弱对运动器官的指挥能力,使动作协调性下降、速度减慢、反应迟钝,这必然会影响训练的效果。一般来说,训练时间和休息时间的比例可控制为 3:1。

(六)结合要求进行训练

灵敏素质具有专项化的特点。经验丰富的教练会针对本专项对灵敏素质的特殊要求安排灵敏素质训练,使训练效果与专项要求相一致。例如:篮球运动中,运动员多做发展手的专项灵敏性训练,以提高手感和控球能力;足球运动中,运动员多做一些脚步移动和用脚控球的训练;体操、技巧等项目运动中,运动员多做一些移动身体方位的训练;等等。

第二节　柔韧素质训练

一、柔韧素质概述

(一)柔韧素质的概念

柔韧素质是指人体各个关节活动范围及肌肉、韧带的伸展能力,即人体一定关节大幅度完成动作的运动能力。柔韧素质包括两个方面的含义,一是关节活动幅度的大小,二是跨过关节的肌肉、肌腱、韧带等软组织的伸展性。关节的活动幅度主要取决于关节本身的装置结构。跨过关节的肌肉、肌腱、韧带等软组织的伸展性,则主要通过合理的训练来获得。

此外,在进行柔韧素质训练时,训练者还应了解柔韧素质与柔软性二者的区别:柔韧素质要求柔中有刚,刚柔相济;而柔软性只是柔与软的结合,柔中无刚,刚柔不济。柔韧素质是保障各种运动项目提高运动技能的主要因素之一。

(二)柔韧素质的分类

柔韧素质的分类方法有很多,这里主要介绍以下几种。

1.根据柔韧素质与专项的关系分类

(1)一般柔韧素质

一般柔韧素质是指适应于一般身体、技术、战术等训练所需要的柔韧素质。由于不同体育运动项目或不同体育运动项目的各个动作对身体各主要关节部位活动范围有不同程度的要求,因此往往将身体最主要关节的活动能力视为一般柔韧素质。

(2)专门柔韧素质

专门柔韧素质是指专项运动所需要的特殊柔韧素质,它是掌握与提高专项运动技术不可缺少的一项身体素质。它建立在一般柔韧性基础上,并由各专项动作的生物力学结构所决定。

2.根据完成柔韧素质训练时的动作方式分类

(1)主动柔韧素质

主动柔韧素质是指运动员依靠相应关节周围肌肉群的积极工作,完成大幅度动作的能力。主动柔韧性不仅涉及对柔韧性有直接影响的能力,而且还涉及力量素质的发展,力量素质的发展能促进主动柔韧性水平的提高。

(2)被动柔韧素质

被动柔韧素质是指借助外界的力量使身体各关节的灵活性达到最大限度的一种能力。被动柔韧素质是发展主动柔韧素质的一种潜在能力,它是发展主动柔韧性的基础。

3.根据柔韧素质的表现和身体状况的不同分类

(1)动力性柔韧素质

动力性柔韧素质是指依据动力性技术动作的需要,肌肉、肌腱、韧带等软组织拉伸至解剖学所允许的最大限度,随后再利用强有力的弹性回缩力完成技术动作的一种能力。

（2）静力性柔韧素质

静力性柔韧素质是指根据静力性技术动作的需要,肌肉、肌腱、韧带等软组织拉伸至动作所需的位置角度,并能够控制其停留一定时间所表现出来的一种能力。静力性柔韧素质是动力性柔韧素质的基础。

（三）柔韧素质训练的意义

柔韧素质训练在运动中具有重要意义,主要表现在以下两方面。

1.改进技术动作,提高运动水平

柔韧素质是有效改进技术的必要基础,也是保证提高运动技术水平的基本因素之一。如果柔韧性差,掌握动作技能的过程会立即缓慢下来,并变得复杂,而其中某些对完成比赛动作十分重要的关键技术往往不可能学会。因此,柔韧素质训练对于提高关节的灵活性、加大运动幅度、提高动作速度、使技术动作更加准确和协调,以及增加动作的协调性和优美感,有着十分重要的作用。同时,柔韧素质训练还可以提高动作速度,从而进一步增强肌肉的收缩力,对提高肌肉的初长度有着良好的促进作用,可以提高运动员的运动水平。

2.快速消除疲劳,预防运动损伤

关节柔韧性差还会限制力量及速度、协调能力的发挥,使肌肉协调性下降,运动吃力,并影响到其他运动素质的发展。而且往往还会成为肌肉、韧带损伤的原因。良好的柔韧素质可以减小肌鞘之间的摩擦,从而减少能量的损耗,延长肌肉的工作时间。目前,柔韧素质训练被国内外的许多体育工作者列为整理活动的重要组成部分,其目的就是减轻肌肉酸痛,加速疲劳物质的代谢,快速消除运动疲劳。另外,柔韧素质训练对于预防运动损伤也有着十分重要的作用。关节柔韧素质的提高,不仅有利于其周围韧带、肌肉的弹性和活动幅度的改善与提高,预防运动损伤,同时还有利于提高运动成绩。

二、柔韧素质训练的影响因素

影响柔韧素质的因素是多方面的,了解这些因素,有利于掌握发展柔韧素质的规律,正确运用发展柔韧素质的练习方法,从而提高运动效益。柔韧素质的影响因素主要有以下几种。

(一)关节类型与结构

关节的类型主要有球状关节、椭圆关节、圆柱关节等。由于关节的结合环节的运动往往是围绕一个、两个或多个轴心运动,因此关节又分为单轴、双轴和多轴的关节。关节的类型决定着其自身的灵活性。在以上几种关节类型中,球状关节是灵活性最大的关节,椭圆关节和圆柱关节的灵活性属中等,而鞍状关节和滑车关节则是灵活性最小的关节。与关节相适宜的表面结合形态(容量和面积)是决定关节灵活程度的主要因素。因此,相适宜的结合面越大,关节的灵活性就会越小。

关节结构是依据人体生理生长规律需要而形成的。在柔韧素质的影响因素中,关节结构是影响柔韧素质最不容易改变的因素,其基本上是由遗传因素决定的。因此,关节运动幅度被限定在一定范围之内,通过训练是难以改变的。关节头和关节窝两个关节面的面积之差决定着关节的活动范围,两个关节面的面积之差越大,则关节活动的幅度就会越大。

尽管体能训练可在一定程度上改变关节结构,如关节内软骨形态的变化,而这种变化也只能在关节结构允许的范围内出现。与关节相适宜的结合面和弯曲程度决定着关节的运动幅度,关节面的差异越大,骨头相对相互渗透的可能性越大;而关节面的弯曲度越大,偏转的角度越大。

(二)跨过关节的肌肉、肌腱、韧带

对于柔韧素质的发展来说,肌肉、肌腱、韧带等连结组织的弹性具有十分重要的作用。

关节的加固主要靠肌腱和韧带,肌肉从关节外部补充加固关节的力量,控制关节活动幅度。

韧带本身是抗拉性很强的组织,它主要的作用是加固关节,限制关节在一定范围内运动,从而保护关节不致超出解剖学允许的限度而受伤。

在一般活动中,很少达到关节面所允许的解剖限度。这是因为与运动方向相反的对抗肌伸展不足造成进一步的限制所致。如屈膝伸膝时,当举腿在水平面时可任意屈膝伸膝,可当大腿贴胸开始时,屈膝自如,但伸膝感到困难,这是因为人腿后侧肌群及韧带伸展不足所致。可见,发展某一关节的柔韧性主要是发展限制关节活动幅度的对抗肌,使其主动受到牵拉伸展,逐渐增加它们的伸展度,从而扩大了关节的运动幅度。

具体发展某一关节的柔韧性时,主要发展控制关节屈、伸肌的伸展性及协调能力。例如:发展膝关节的伸膝能力,主要发展大腿后部肌群及小腿后部肌群的伸展性;发展屈膝能力,主要发展大腿、小腿前部肌群的伸展性;发展体后仰的柔韧性,主要发展肩部肌群、胸大肌、腹肌及大腿前部肌群的伸展性。可见,在发展某一部位柔韧性时,应让屈、伸肌相互协调发展才能提高其关节的柔韧性。

(三)神经系统的兴奋和抑制

神经系统兴奋与抑制过程转换的灵活性与运动活动中肌肉的基本张力有关。特别是中枢神经系统调节对抗肌之间协调性的改善,以及对肌肉紧张与放松能力的提高都会影响柔韧素质。神经过程灵活性高,肌肉兴奋性强,肌肉、肌腱、韧带的弹性和伸展性就越好、支配肌肉收缩与放松的能力就越强,会使肌肉、肌腱、韧带的弹性和伸展性得到提高。

(四)关节周围肌肉的厚度与强度

关节周围肌肉的厚度与强度的大小,往往受先天因素的影响较大,同时也与后天的体能训练有一定关系。经过一定时期的体能训练,柔韧素质会随着关节周围肌肉的厚度与强度的逐渐增加而有所降低。因此,关节周围肌肉的厚度与强度对关节的活动能力与活动范围意义重大。

(五)性别与年龄

从生理学角度来说,男子肌肉纤维长度、横断面积均大于女子,而在关节的灵活性方面,女子的灵活性较男子的灵活性要好。因此,女运动员的柔韧素质较男运动员的柔韧素质要好。

年龄也是影响身体柔韧素质的一个重要因素。随着人的自然生长、年龄的增长,骨的骨化程度增强,肌肉也会逐渐增长,而人体的柔韧素质则会出现逐渐下降的趋势。柔韧素质的获得与发展阶段也会随着发生一定变化。

青少年儿童的柔韧素质会随着肌肉力量的增加而逐渐发生变化。7～8岁的儿童,肌纤维获得类似成人的基本结构特性。这一年龄阶段,所有肌肉的肌腱会快速增长,腱膜与筋膜不断增厚,联合组织不断增加。肌肉内的血管通道不断获得改善,出现新的毛细血管,血管网变得很稠密。血管壁上出现许多弹性组织,肌肉和韧带有很高的弹性,在关节里有很多滑液。而对于13～15岁的青少年来说,其他肌肉力量也逐渐增长,其他肌肉特性也逐步获得完善,肌纤维的数量与横断面积不断增长。同时,随着肌肉收缩机能的分化,联结组织也得到发展。

对于高校大部分学生而言,由于身体发育已趋向成熟,因此进行柔韧素质训练会有一定难度。而对于作为学校竞技体育后备人才的部分学生来说,需要在已获得的柔韧素质训练的基础上,增加柔韧素质训练的负荷和难度,并进一步加强专项所需要的柔韧素质训练。

(六)温度

外界温度对身体柔韧素质也有一定的影响。当外界气温在 18℃以上时,机体的新陈代谢就会增强,供血会增多,肌肉的黏滞性会减少,这对于提高肌肉的弹性与伸展性具有积极的促进作用,从而进一步提高身体的柔韧素质。

影响柔韧性的温度有外界环境温度和体内温度,体内温度的调节用于补偿机体对外界环境产生的不适应。如当外界环境温度低时,必须做好充分的准备活动,提高肌肉温度,增加柔韧性。当外界环境温度高时,将排出一定量的汗液降低温度,以免肌肉过早出现疲劳,降低关节的柔韧性。一天内的外界温度有变化,但更重要的是一天内人体的机能状态不同,体内温度也会有一定的变化。

(七)心理因素

心理因素也对身体柔韧素质有着重要影响。心理紧张焦虑程度会通过中枢神经系统影响到机体各部位的工作状态,如果运动员心理紧张焦虑度过强、时间过长都会使神经过程由兴奋转为抑制。心理上的紧张焦虑会严重影响身体各部位的协调能力,并最终会造成身体柔韧素质降低。

此外,柔韧素质的提高离不开运动员的毅力、耐心、意志以及长期坚持不懈的训练。因此,运动员要想提高柔韧素质,需要经过长期艰苦的训练才能逐渐发展。同时,因为柔韧素质训练中经常会伴有疼痛感,如果停止训练又容易使训练效果消退,所以发展柔韧素质需要坚强的毅力和意志,进行坚持不懈的练习,只有这样,才能有效地提高柔韧素质。

(八)疲劳程度

疲劳程度对柔韧素质的影响也很大。当身体处于疲劳状态时,肌肉的弹性、伸展性和兴奋性就会降低,收缩与放松也变得迟钝,进而会影响到柔韧素质,导致柔韧素质下降。其主要表现为主动柔韧素质下降,被动柔韧素质提高,此时进行被动柔韧素质训练较为适宜。

三、柔韧素质训练的基本方法

(一)颈部柔韧素质训练

1.前拉头

运动员站立或坐立,双手在头后交叉。呼气,向胸部方向拉头部,下颌接触胸部。要求双肩下压,训练时,要使动作幅度尽可能大,保持10 s左右结束该动作。

右臂从背后抓住左臂肘关节。将左臂肘关节向右拉过身体中线。呼气,将右耳贴到右肩上。训练时,要使动作幅度尽可能大,保持10 s左右结束该动作。

2.后拉头

运动员站立或坐立,小心地向后仰头,把双手放在前额,缓慢后拉颈部。要求动作轻缓,保持10 s左右结束该动作。

3.侧拉头

运动员站立或坐立,左臂在背后屈肘,右臂从背后抓住左臂肘关节。将左臂肘关节向右拉过身体中线。呼气,将右耳贴到右肩上。训练时,要使动作幅度尽可能大,保持10 s左右结束该动作。

4.持哑铃颈拉伸

运动员双脚并拢站立,右手持哑铃使肩部尽量下沉。左手经过头顶扶在头右侧。呼气,左手向左侧拉头部,使头左侧贴在左肩上。改变方向,做反复练习。要求动作缓慢进行,保持10 s左右结束该动作。

5.团身颈拉伸

运动员身体由仰卧姿势开始举腿团身,头后部和肩部支撑体重,双手膝后抱腿。呼气,向胸部拉大腿,双膝和小腿前部接触地面。重复练习。保持10 s左右结束该动作。

（二）肩部和背部柔韧素质训练

1.单臂开门拉肩

在一扇打开的门框内,运动员双脚前后开立,拉伸臂肘关节外展到肩的高度。拉伸臂前臂向上,掌心对墙。呼气,上体向对侧转动拉伸肩部。反复练习。训练时,要使动作幅度尽可能大,保持 10 s 左右结束该动作。

2.向后拉肩

运动员站立或坐立,在背后双手合掌,手指向下吸气,转动手腕使手指向上。吸气,向上移动双手至最大限度,并后拉肘部。反复练习。训练时,要使动作幅度尽可能大,保持 10 s 左右结束该动作。

3.助力顶肩

运动员跪立双臂上举,双手在同伴颈后交叉。同伴手扶在髋部与练习者肩胛接触,双脚左右开立站在练习者身后。身体后仰,用髋部向前上顶练习者肩胛部位。重复练习。训练时,要使动作幅度尽可能大,保持 10 s 左右结束该动作。

4.背向压肩

运动员背对墙站立,向后抬起双臂,与肩同高直臂扶墙,手指向上。呼气,屈膝降低肩部高度。重复练习。训练时,要使动作幅度尽可能大,保持 10 s 左右结束该动作。

5.握棍直臂绕肩

运动员双腿并拢站立,双手握一木棍或毛巾在髋前部。吸气,直臂从髋前部经头上绕到髋后部。再经原路线绕回,重复练习。要求速度不宜过快,双臂始终保持伸直。

6.站立伸背

运动员双脚并拢站立,上体前倾至与地面平行姿势,双手扶在栏杆上,略高于头。四肢保持伸直,屈髋。呼气,双手抓住栏杆下压上体,使背部下凹形成背弓。训练时,要使动作幅度尽可能大,保持 10 s 左右结束该动作。

7.坐立拉背

运动员坐立,双膝微屈,躯干贴在大腿上部,双手抱腿,肘关节在膝关节下面。呼气,上体前倾,双臂从大腿上向前拉背,双脚保持与地面接触。训练时,要使动作幅度尽可能大,保持 10 s 左右结束该动作。

(三)臂部和腕部柔韧素质训练

1.上臂颈后拉

运动员站立或坐立,左臂屈肘上举至头后,左肘关节在头侧,左手下垂至肩胛处。右臂屈肘上举,右手在头后部抓住左臂肘关节。呼气,在头后部向右拉左臂肘关节。换臂重复练习。训练时,要使动作幅度尽可能大,保持 10 s 左右结束该动作。

2.背后拉毛巾

运动员站立或坐立,一只臂肘关节在头侧,另一只臂肘关节在腰背部。吸气,双手握一条毛巾逐渐互相靠近。换臂重复练习。训练时,要使动作幅度尽可能大,保持 10 s 左右结束该动作。

3.压腕

运动员站立,双臂胸前屈肘,左手的手掌根部顶在右手的四指末端。用左手的手掌根部用力压右手的四指末端。换手重复练习。训练时,要使动作幅度尽可能大,保持 10 s 左右结束该动作。

4.跪撑正压腕

运动员双膝和双臂直臂撑地,双手间距约与肩同宽,手指向前。呼气,身体重心前移。恢复开始姿势重复练习。训练时,要使动作幅度尽可能大,保持 10 s 左右结束该动作。

5.跪撑反压腕

运动员双膝和双臂直臂撑地,双手间距约与肩同宽,手指向后。呼气,身体重心后移。恢复开始姿势重复练习。训练时,要使动作幅度尽可能大,保持 10 s 左右结束该动作。

6.跪撑侧压腕

运动员双膝和双臂直臂撑地，双手腕部靠拢，手指指向体侧。呼气，身体重心缓慢前、后移动。重复练习。训练时，要使动作幅度尽可能大，保持 10 s 左右结束该动作。

(四)腰部柔韧素质训练

1.俯卧转腰

运动员俯卧在台子上，躯干上部伸出边缘之外悬空，颈后肩上扛一根木棍。双臂体侧展开固定木棍。呼气，尽量大幅度转动躯干，不同方向重复练习该动作。该动作结束应保持数秒，然后再回转躯干。

2.仰卧团身

运动员在垫上仰卧，屈膝，双脚滑向臀部。双手扶在膝关节下部。呼气，双手向胸部和肩部牵拉双膝，并提起髋部离开垫子。重复练习。训练时，要使动作幅度尽可能大，保持 10 s 左右结束该动作，同时注意伸展膝部并保持放松。

3.站立体侧屈

运动员双脚左右开立，双手交叉举过头顶向上伸臂。呼气，一侧耳朵贴在肩上，体侧屈至最大限度。向身体另一侧重复练习。训练时，要使动作幅度尽可能大，保持 10 s 左右结束该动作。

4.倒立屈髋

运动员身体由仰卧姿势开始呈垂直倒立姿势，头后部、肩部和上臂支撑体重，双手扶腰。呼气，双腿并拢，直膝，缓慢降低双脚高度直至接触地面。重复练习。要求保持 10 s 左右结束该动作。

(五)腹部和胸部柔韧素质训练

1.俯卧背弓

运动员俯卧在垫上，屈膝，脚跟向髋部移动。吸气，双手抓住脚踝。臀部肌肉收缩,提起胸部和双膝离开垫子。重复练习。训练时,要使动作幅度尽可能大,保持 10 s 左右结束该动作。

2.跪立背弓

运动员在垫上跪立,脚尖向后。双手扶在臀上部,形成背弓,臀部肌肉收缩送髋。呼气,加大背弓,头后仰,张口,逐渐把双手滑向脚跟。重复练习。训练时,要使动作幅度尽可能大,保持 10 s 左右结束该动作。

3.上体俯卧撑起

运动员俯卧。双手掌心向下,手指向前放在髋两侧。呼气,用双臂撑起上体,头后仰,形成背弓。重复练习。训练时,要使动作幅度尽可能大,保持 10 s 左右结束该动作。

4.开门拉胸

在一扇打开的门框内,运动员双脚前后开立,双臂肘关节外展到肩的高度。双臂前臂向上,掌心对墙。呼气,身体前倾拉伸胸部。重复练习。训练时,要使动作幅度尽可能大,保持 10 s 左右结束该动作。也可以将双臂继续提高,拉伸胸下部。

5.跪拉胸

运动员跪在地面,身体前倾,双臂前臂交叉高于头部放在台子上。呼气,下沉头部和胸部,一直到接触地面。重复练习。训练时,要使动作幅度尽可能大,保持 10 s 左右结束该动作。

(六)髋部和臀部柔韧素质训练

1.弓箭步压髋

运动员弓箭步站立,前面腿膝关节呈 90°,后面腿脚背触地,脚尖向后。双手叉腰。屈膝降低重心,后面腿的膝触地。呼气,下压后面腿髋部。换腿重复练习。训练时,动作幅度要做到尽可能大,保持 10 s 左右结束该动作。

2.身体扭转侧屈

运动员直立,左腿伸展、内收,在右腿前尽量与其交叉。呼气,躯干向右侧屈,双手力图接触左脚跟,身体两侧轮换练习。训练时,要使动作幅度尽可能大,保持10 s 左右结束该动作。

3.仰卧髋臀拉伸

运动员平卧躺在台子边缘,从台子上移下外侧腿悬垂空中。吸气,台子上的内侧腿屈膝,用双手抱膝缓慢拉向胸部。训练时,要使动作幅度尽可能大,保持10 s 左右结束该动作。

4.坐立反向转体

运动员坐在地面,双腿体前伸展,双手在髋后部地面支撑。一条腿与另一条腿交叉,屈膝使脚跟向臀部方向滑动。呼气,转体,头转向身体后方继续转体,使身体对侧的肘关节顶在屈膝腿的外侧,并缓慢推动屈膝腿。训练时,要使动作幅度尽可能大,保持10 s 左右结束该动作。

5.仰卧交叉腿屈髋

运动员仰卧,左腿在右腿上交叉,双手交叉在头后部。呼气,右腿屈膝,并提起右脚离地。缓慢向头部方向推动左腿。双腿交替。要求保持头、双肩和背部接触地面。训练时,要使动作幅度尽可能大,保持10 s 左右结束该动作。

(七)大腿内侧柔韧素质训练

1.体侧屈压腿

运动员侧对一个约与髋同高的台子站立,两脚与台子平行。将一只脚放在台子上。双手在头上交叉,呼气,向台子方向体侧屈。训练时,要使动作幅度尽可能大,保持10 s 左右结束该动作。双腿交替练习。

2.直膝分腿坐压腿

运动员双腿尽量分开坐在地面,呼气,转体,上体前倾贴在一条腿上部。交换腿拉伸,重复练习。要求充分伸展双腿和腰部。训练时,要使动作幅度尽可能大,保持10 s 左右结束该动作。

3.顶墙坐拉引

运动员臀部顶墙坐在地面,双腿体前屈膝展开,脚跟和脚掌相对。双手握住双脚脚掌尽量向腹股沟方向拉。呼气,上体缓慢直背前倾。训练时,要使动作幅度尽可能大,试图将胸部贴在地面,保持 10 s 左右结束该动作。

4. 扶墙侧提腿

运动员双手扶墙站立,吸气,一条腿屈膝,向体侧分腿提起。同伴抓住其踝关节和膝关节,帮助继续向上分腿提膝,同时呼气。训练时,要使动作幅度尽可能大,保持 10 s 左右结束该动作。

5. 跪撑侧分腿

运动员双腿跪立,脚趾指向后方,直臂双手撑地。一条腿侧伸,呼气,双臂屈肘,降下跪撑腿的髋部至地面,并向外侧转髋。训练时,要使动作幅度尽可能大,保持 10 s 左右结束该动作。双腿交替练习。

6. 青蛙伏地

运动员分腿跪地,脚趾指向身体两侧,前臂向前以肘关节支撑地面。呼气,继续向身体两侧分腿,同时向前伸双臂,胸和上臂完全贴在地上。训练时,要使动作幅度尽可能大,保持 10 s 左右结束该动作。

(八)大腿前、后部柔韧素质训练

1. 坐压脚

运动员跪在地面,脚趾向后。呼气,坐在双脚的脚跟上。保持 10 s 左右,放松后重复练习。膝关节受伤者,不要采用此练习。

2. 垫上仰卧拉引

运动员臀部坐在垫上跪立,后倒身体至躺在垫上,脚跟在大腿两侧,脚尖向后。身体后倒过程中呼气,直到背部平躺在垫上。重复练习。训练时,要使动作幅度尽可能大,保持 10 s 左右结束该动作。

3. 站立拉伸

运动员背贴墙站立,吸气,直膝抬起一条腿。同伴用双手抓住其踝关节上部,帮助腿上举。注意上举腿时呼气,训练时,要使动作幅度尽可能大,保持 10 s 左右结束该动作。

4.坐立后仰腿折叠

运动员坐立,一条腿屈膝折叠,大腿和膝内侧接触地面,脚尖向后。呼气,身体后仰,先由双臂的前臂和肘关节支撑上体,最后平躺在地面上。训练时,要使动作幅度尽可能大,保持 10 s 左右结束该动作。双腿交替练习。

5.坐拉引

运动员坐在地面,双腿体前伸展,双手在髋后部地面支撑。一条腿屈膝,用一只手抓住脚跟内侧。呼气,屈膝腿伸展,直到与地面垂直。训练时,要使动作幅度尽可能大,动作保持 10 s 左右。

6.仰卧拉伸

运动员仰卧,直膝抬起一条腿,固定骨盆呈水平姿势。同伴帮助固定地面腿保持直膝,并且帮助继续提腿。要求在同伴帮助下继续提腿时呼气,训练时,要使动作幅度尽可能大,动作保持 10 s 左右结束。

(九)小腿柔韧素质训练

1.坐拉脚掌

运动员双腿分开坐在地面上,一条腿屈膝,脚跟接触伸展腿的腹股沟。呼气,上体前倾,一只手抓住伸展腿的脚掌向躯干方向牵拉。重复练习。要求伸展腿膝部始终伸直。训练时,要使动作幅度尽可能大,保持 10 s 左右结束该动作。

2.扶墙拉伸

运动员面对墙壁站立,双手扶墙支撑身体,双脚始终贴在地面,脚趾指向墙。呼气,屈肘前移重心,两前臂贴墙,身体斜靠在墙上。重复练习。训练时,要使动作幅度尽可能大,保持 10 s 左右结束该动作。保持头、颈、躯干、骨盆、腿和踝在一条直线上。

3.扶柱展髋

运动员在柱子前,双手握住柱子,双脚左右开立并尽量内旋。呼气,屈髋并后移髋关节,双腿与躯干形成约 45°夹角。训练时,要使动作幅度尽可能大,保持 10 s 左右结束该动作。

4.靠墙滑动踝内翻

运动员背靠墙站立,双手叉腰,双脚向前滑动,踝关节和脚掌内翻。呼气,髋关节前屈。重复练习。训练时,要使动作幅度尽可能大,保持 10 s 左右结束该动作。

5.体前屈足背屈

运动员两脚相距约 30 cm 前后开立,前脚背屈,脚跟支撑地面。呼气,体前屈,力图双手触摸前脚,胸部贴在腿上。换腿重复练习。要求双腿膝关节保持伸直,训练时,要使动作幅度尽可能大,保持 10 s 左右结束该动作。

6.仰卧足内翻

运动员背墙坐,臀部顶墙,双腿向上伸展分开。呼气,将双脚内翻(外踝向上翻)。训练时,要使动作幅度尽可能大,保持 10 s 左右结束该动作。

(十)脚部和踝部柔韧素质训练

1.脚趾上部拉伸

运动员两脚前后开立,前面腿微屈膝,脚趾上部支撑在地面,双手放在其大腿上。双脚轮流练习。注意吸气,逐渐把体重移到前面腿的脚趾上,并缓慢下压。训练时,要使动作幅度尽可能大,保持 10 s 左右结束该动作。

2.脚趾下部和小腿后部拉伸

运动员面对墙双脚相距约 50 cm 前后开立,前脚距墙约 50 cm。双手扶墙,身体向墙倾斜。后脚正对墙,脚跟贴在地面。呼气,提起后脚脚跟,将体重移到后脚的脚掌上,下压。双腿轮流练习。训练时,要使动作幅度尽可能大,保持 10 s 左右结束该动作。

3.上拉脚趾

运动员坐下,将一条腿的小腿放在另一条腿的大腿上。一只手抓住踝关节,另一只手抓住脚趾和脚掌。注意呼气,并向脚背方向拉引脚趾。双脚轮流练习。

4.下拉脚趾

运动员坐下,将一条腿的小腿放在另一条腿的大腿上。一只手抓住踝关节,另一只手抓住脚趾和脚掌。注意呼气,并向脚掌方向拉引脚趾。双脚轮流练习。

5.跪撑后坐

运动员跪在地面,双手撑地,双脚并拢以脚掌支撑。呼气,向后下方移动臀部。训练时,要使动作幅度尽可能大,保持 10 s 左右结束该动作。

6.踝关节向内拉伸

运动员坐下,将一条腿的小腿放在另一条腿的大腿上。一只手抓住踝关节上部小腿,另一只手抓住脚的外侧。呼气,并向内(足弓方向)拉引踝关节外侧。双脚轮流练习。训练时,要使动作幅度尽可能大,保持 10 s 左右结束该动作。

四、柔韧素质训练的注意事项

(一)做好充分的准备活动,以防运动损伤

做好充分的准备活动,有助于提高肌肉的温度,能有效降低肌肉内部的黏滞性。进行准备活动时,运动员应当在体温逐渐升高之后,再进行柔韧素质训练,这样可以有效防止肌肉拉伤。进行柔韧素质训练时,运动员应逐步加大动作的速度、力量和幅度,且不可用力过猛。

此外,运动员在进行柔韧素质训练时还应注意训练方法的科学性,以防止肌肉拉伤的情况发生。为提高柔韧素质训练的最终效果,运动员应当防止在训练时受伤。做好充分的准备活动和放松活动,减少肌肉内部的黏滞性。教练或同伴在施加外力时要遵循循序渐进的原则,同时还要了解运动员柔韧素质的发展水平,及时注意运动员的训练反应,以便合理地加力与减力,从而保证柔韧素质训练取得良好的效果。

(二)训练要循序渐进,持之以恒

柔韧素质的发展需要意志力的练习。痛感强,见效慢,停止训练便有所消退。而提高肌肉、韧带等软组织的伸展性是需要长时间坚持不懈地训练才能实现的,因此运动员在进行柔韧素质训练时应遵循循序渐进的原则。在进行肌肉拉伸训练时可能会出现疼痛现象,在教练或同伴的帮助下进行被动性拉伸练习时应更加谨慎,且不可急于求成,以防止肌肉、韧带等软组织的拉伤。

运动员在进行一般柔韧素质训练时,每次训练课应安排一次柔韧素质练习。在进行保持阶段的训练时,一周的柔韧素质练习不得超过 3 次,练习量也应逐渐减少。每天用于发展柔韧素质能力的练习时间应保持在 45～60 min,一天中可安排不同时间进行训练。柔韧素质的提高需要运动员持之以恒地训练,才能达到理想的训练效果。

(三)柔韧素质训练要因项、因人而异

柔韧素质训练必须根据专项特点和运动员的具体情况安排。例如,跳跃项目的运动员主要要求腿部和髋部的柔韧性,游泳运动员主要要求踝关节和躯干的柔韧性,体操运动员主要要求肩、髋、腰、腿部的柔韧性。因此,在全面发展身体各部位柔韧性的基础上,要重点练习本专项所需要的几个部位的柔韧性。另外,运动员的具体情况不一样,在进行柔韧素质训练过程中必须区别对待,因材施教,突出针对性,这样才能使运动员积极参与到柔韧素质训练中来,并有助于实现较好的训练效果。

(四)柔韧素质应与其他素质发展相结合

身体素质的发展相互之间有转移的现象,运动器官的生长发育也会影响各种身体素质之间的关系。所以,柔韧素质训练要与发展其他身体能力的训练相结合,从而使它们之间相互促进,以实现共同发展的目的。例如,力量练习能发展肌肉的收缩能力,柔韧练习能发展肌肉的伸展能力。因此,力量结合柔韧性的练习对提高肌肉质量最为有效,能达到力量和柔韧性的同时增长,又能保证关节灵活性的稳固。

(五)柔韧素质训练应注意外界温度与练习时间

外界温度过高或过低,都会影响到肌肉的状态和肌肉的伸展能力。一般来

说,当外界温度在18℃时,有利于柔韧素质的发展,因为肌肉在这个温度下,伸展能力较好,从而可以促进柔韧素质的发展。温度过高,肌肉紧张或无力都会影响其伸展能力。

一天之内在任何时间都可以进行柔韧性练习,只是效果不同。早晨柔韧性会明显地降低,所以早晨可做一些强度不大的"拉韧带"的练习。在10～18时人体表现出良好的柔韧性,此时可进行一些强度较大的柔韧性练习。值得注意的是,一天中训练时间不可过长,否则容易造成身体疲劳。

(六)柔韧素质训练后应进行放松练习

进行柔韧素质训练后,应注意结合放松练习,以使身体尽快得到恢复。在每个伸展练习后,都应做好与动作呈相反方向的放松练习,使供血供能机能加强,这样有助于伸展肌群的放松和恢复。例如,压腿之后做几次屈膝练习,体前屈练习之后做几次挺腹、挺胯动作,下完腰后做几次体前屈或团身抱膝动作等。

第五章　武术运动员专项训练

第一节　拳功训练

一、桩功训练

(一)健身桩

1.高位健身桩

双脚左右开立同肩宽,圆裆松胯,开胸实腹,沉肩坠臂,舒指活腕,虚静含颔,闭眼正容,合齿舔腭。

2.低位健身桩

双脚左右开立同肩宽,双腿屈膝120°～150°,圆裆松胯,开胸实腹,沉肩坠臂,舒指活腕,虚静含颔,闭眼正容,合齿舔腭。

健身桩每次练习20 min左右。健身桩训练能够激发运动员的"内气",促进筋络畅通,达到强身健体之功效。

(二)实成桩

1.定位实战桩

双脚前后开立,左脚在前,右脚在后,右脚跟稍抬离地面,稍屈双膝,松胯敛臀,含胸裹背,圆裆收肛,拔颈实腹,双臂弯曲于体前环抱(左臂屈肘大于90°,右臂屈肘小于90°),左臂前置,右臂回收下颔处,双眼注视前方。

2.晃动实战桩

双脚前后开立,左脚在前,右脚在后,右脚跟稍抬离地面,稍屈双膝。松胯敛臀,含胸裹背,圆裆收肛,拔颈实腹,双臂于体前环抱(左臂屈肘大于90°,右臂屈肘小于 90°),左臂前置,右臂回收下颌处,身体前后移动,重心随之晃动,双眼注视前方。

实战桩每次练习 25 min 左右。实战桩训练能够使运动员气血通畅,身形更加灵活敏捷,下盘更加稳固,架势愈发合整、平衡。此外,通过这一功法练习,还能够促进运动员攻击力、抗击力和实战耐力的提高。

二、肩功训练

(一)压肩练习

两人面向对方开步而立,双脚距离同肩宽,伸直手臂相互交搭在对方肩上,上体前俯身,双膝伸直,有节奏地进行上下振压肩练习,要求挺胸、抬头、塌腰,双眼注视前方。

(二)拉肩练习

一方双腿屈膝保持马步姿势,抬头挺胸,十指交叉对握,双臂伸直向上举到头顶;另一方在其背后双腿呈弓步姿势,左手直推其颈部,右手将其双手向下扳拉,进行下拉肩练习,双眼注视前方。

(三)转肩练习

两人面向对方开步而立,双脚距离同肩宽,伸直手臂相互交搭在对方肩上,上体前俯,双膝伸直,进行左右拧身转肩练习,要求挺胸、抬头、塌腰,双眼注视前方。

(四)扳肩练习

一方双腿屈膝保持马步姿势,抬头挺胸,双臂直肘反搭在对方肩上,另一方站在其背后,微屈双膝。同时双手将其肩部向下扣扳,进行扳肩练习,双眼注视前方。

(五)过肩练习

双脚开步而立,收腹挺胸,双手分别持短棍或短绳一端,直臂由体前向体后进行过肩练习,双眼注视前方。

(六)锁肩练习

双方面向而立,均保持右弓步姿势,一方上体俯身,头顶在对方腹部,双臂直肘反抬上举,同时对方双手将其肩部环抱并向内锁压,进行锁肩练习,双眼注视前方。

以上每项肩功练习每组 15～20 次,共 3～5 组。肩功训练要求双方互相配合,保持协调,要适度用力,双方可互换练习。通过肩功练习可促进散打运动员肩部灵活性和柔韧性的提高,从而避免发生肩部损伤的情况。

三、揉功训练

(一)揉肩练习

双方均右脚在前,左脚在后,错步斜对而立,均用右小臂外侧于体前互相贴触,左手臂自然下垂,接着双方右臂以肩关节为轴,顺时针(或逆时针)缠绕旋转,走大立圆,进行对揉肩部练习,双眼注视对方。

(二)揉肘练习

双方以开步姿势面向而立,右脚在前,左脚在后,均用右小臂外侧于体前互相贴触,左臂自然下垂,接着双方右小臂以肘关节为轴顺时针(或逆时针)缠绕旋转,走中立圆,进行对揉肘部练习,双眼注视对方。

(三)揉腕练习

双方以开步姿势面向而立,右脚在前,左脚在后,均用右手背于体前相互贴触,左臂自然下垂,接着双方右手以腕关节为轴,顺时针(或逆时针)缠绕旋转,走小立圆,进行对揉手腕练习,双眼注视对方。

以上每项揉功练习每组 20 次,共 3～5 组,左右手互换练习。揉功训练有助于促进运动员上肢灵活性的提高,从而能够使运动员在实战中达到"知己知彼,随变即化"的境界。

四、空击训练

空击训练能够使散打运动员对绝打技术要领、动作路线、打击作用、用力次序等更加熟练,能够促进运动员绝打技法质量的提高,促进运动员正确绝打技术动力定型的形成。

运动员可以面对镜子进行空击训练,从而清楚地观察自己的动作是否正确,并且及时加以修正,直至准确完美。训练时,练习者可采取慢速与快速、半力与全力、单拳空击与组合拳击打、定步空击和移步空击等多种形式融为一体进行训练。

散打空击训练方法主要有以下几种。

(一)徒手空击练习

无论是散打运动中的哪种拳法,都适合采用徒手空击的形式进行练习。练习次数与组数因人而异,一般是每组 20~50 次,共 3~8 组。

空击训练要安排在慢跑、四肢操、呼吸功等热身练习之后,旨在提高机体的兴奋度,降低肌肉内部的黏滞性,避免在训练中出现拉伤、撕裂伤的情况。

(二)持哑铃空击练习

双手各持一个哑铃进行原地或移步空击出拳练习,先进行慢速出拳练习,刺激肌力增长;再进行快速出拳练习。

①直拳空击。②勾拳空击。③摆拳空击。④劈拳空击。⑤鞭拳空击。⑥栽拳空击。

快练每组 10~30 s,共练习 10~20 组;慢练每组 1~3 min,共练习 5~10 组。

(三)系沙绑臂空击练习

在左、右小臂上分别系上沙绑臂,然后进行负重练习,刚开始练习时以定步空击练习为主,然后再进行移步空击练习,随着练习水平的提高,沙绑臂的重量可由轻至重变换。同时,可结合单击拳法与组合拳法进行练习,从而促进发拳速度和实战耐力的提高。

①直拳空击。②摆拳空击。③勾拳空击。④劈拳空击。

每种拳法每组 20~50 次,共练习 3~5 组。

五、击物训练

(一)打小沙袋练习

在树桩上捆绑小型沙袋,用各种散打拳法击打小沙袋,以此来促进出拳速度、力度及拳面硬度与落拳准确度的提高。

①直拳打袋。②摆拳打袋。③勾拳打袋。④弹拳打袋。

以上每种拳法每组练习 20～50 次,共练习 3～5 组,双手需互换练习。

(二)打大沙袋练习

在拳功训练中,打大沙袋训练是非常重要的训练内容,主要用来锻炼散打运动员的出拳速度、灵活性、打击力度、距离感、应变能力及拳面硬度等。打击沙袋练习分两种形式,一是沙袋固定式练习,二是沙袋摆动练习。

①直拳击沙袋。②勾拳击沙袋。③摆拳击沙袋。④鞭拳击沙袋。⑤栽拳击沙袋。

以上每组练习 1～3 min,共练习 6～10 组。

打沙袋练习中对以下几个要点要多加注意:

第一,固定好沙袋悬挂的钩链,选择宽敞、平整的场地练习。

第二,练习前做好准备活动,手指、腕关节、肩肘、腰部是重要活动部位,练习中要戴好手套和护手带。

第三,击打沙袋时要采用正确的技术动作。

第四,打沙袋时要出手松、落手紧,肌肉一张一弛,保持肌肉的持久力和打击力。

第五,不要击打十分坚硬的沙袋,否则容易造成损伤。

第六,合理选择沙袋悬挂的高度,用吊绳来调节沙袋高度,一般沙袋底部与练习者脐部等高。

第七,初练时,选择小沙袋练习,随着练习水平的提高,选择中、大沙袋练习,配合身法、步法、防守等内容进行练习。

第八,长期击打沙袋后,将沙袋解下来,平放在地面滚动,使内部的充填物松动、均匀,使其保持一定的弹性。

第九,打沙袋练习后做一些整理活动。

六、击破训练

(一)高位俯卧撑练习

双手撑地,双手间的距离与肩同宽,双脚放在高位台阶上,肘关节屈伸进行俯卧撑练习,双眼注视前方。每组练习 15～20 次,共练习 5～8 组。

高位俯卧撑练习中,要求身体平起平落,手臂连贯有力地屈伸,呼吸自然。

(二)顶砖练习

双脚前后开立保持弓步姿势,右拳面顶挤墙体上竖放的且高于头位的硬砖,同时左拳屈肘回收腰间,双眼注视右拳。每组练习 1～3 min,共练习 5～8 组。

顶砖练习要求有力准确地顶砖,蹬地转腰,撑臂直腕发静力,力达拳面,意、气、力相合。顶砖数量由少至多,左右拳互换练习。

(三)推砖练习

双脚左右开立,屈膝保持马步姿势,双手各持两块砖,由腰间向体前依次旋臂直肘推出,推出高度与肩齐平,一手前推的同时,另一手回收腰间,双眼注视前方。每组练习 20 次,共练习 3～5 组。

推砖练习中,要求有力牢固地持砖,推砖旋臂发力,意、气、力相合。推砖速度由慢至快。

(四)破砖练习

双腿屈膝蹲身保持跪步姿势,右拳由上至下连续猛击体前摆放的横砖,争取将砖击破,同时左拳置于体前,眼睛注视右拳。每组练习 10 次,共练习 2～3 组。

破砖练习要求架砖稳固,沉身下冲拳快准有力,蹬地屈膝合胯发力,力达拳面,意、气、力相合。运动员要在精熟拳功后进行破砖练习,以免手部受伤。同时,在练习中还要将布垫、毛巾、书本等缓冲物铺在砖上,以免手受伤。

(五)拳面硬度练习

拳面硬度练习主要锻炼运动员的周身静止力量及拳面硬度。

1.单拳撑身

第一,身体直立侧倒,并拢双脚,头向上,左手握拳顶撑墙体,右手臂在体侧横向伸展,眼睛注视前方。

第二,双脚并拢,蹬触墙体,身体直立侧倒,头向下,右手握拳顶撑地面,左臂于体侧伸展,眼睛注视前方。

左右手轮换进行。

2.双拳倒立

双拳支撑地面,两拳之间的距离同肩宽,左右脚依次向上摆动贴靠墙体,双腿伸展,并拢双脚呈倒立姿势,眼睛注视下方。

3.双拳悬身

双脚交叉在地面盘坐,左右拳分别支撑于身体两侧,手臂伸直使身体悬空,进行静力练习,眼睛注视前方。

以上每个动作每组练习1~3 min,分别练习3~5组。

进行拳面硬度练习时,要求紧握双拳,直肘支撑有力,力达拳面,收腹挺胸,直膝挟腿,自然呼吸。起初可戴手套进行练习,随着练习水平的提高,可赤手练习。

七、抗击训练

散打运动员抗击打能力的强弱会直接影响其在比赛中的成绩好坏。在激烈的散打比赛中,双方都会有被击中的时候,如果运动员抗击打能力低,便会被对手击伤或击倒,因此而失去比赛机会,所以抗击训练在散打训练中至关重要。

(一)直拳击头

双方以左实战姿势迎面对站,甲方以右直拳击打乙方额头,乙方进行抗击练习,沉身闭气。

(二)摆拳击肋

双方以左实战姿势迎面对站,甲方以右摆拳向乙方侧肋击打,乙方向上举双臂,进行抗击练习,沉身闭气。

(三)直拳击胸

双方以左实战姿势迎面对站,甲方以左直拳向乙方胸部击打,乙方向上举双臂,进行抗击练习,沉身闭气。

(四)弹拳击面

双方以左实战姿势迎面对站,甲方以右弹拳向乙方面颊击打,乙方双臂于体侧下垂,进行抗击练习,沉身闭气。

(五)劈拳击头

双方以左实战姿势迎面对站,甲方以左劈拳向乙方头部击打,乙方双臂于体侧下垂,进行抗击练习,沉身闭气。

(六)勾拳击腹

双方以左实战姿势迎面对站,甲方以左勾拳向乙方腹部击打,乙方上举双手臂,进行抗击练习,沉身闭气。

抗击训练中,要求乙方沉身稳固,有力抗击,甲方要以对方能够承受的击打力度为依据来发拳击打,控制击打力度。左右拳互打,双方可互换角色进行练习。通过此练习,可以促进运动员抗击打能力和实战胆力的提高。

八、器械训练

(一)吊环练习

身体自然垂立,双手扣握吊环,双脚交叉勾盘,屈肘引体向上,直至头与环保持在同一高度,双眼注视前方。每组练习10~15次,共练习3~5组。

在吊环练习中,练习者双手要用力握杠。身体保持垂立,不要憋气。通过此练习,可促进运动员上肢双臂肱二头肌的力量及胸背肌力的增强。

(二)杠铃练习

1. 伸肘上举

双脚左右开立,脚间距离同肩宽,双手屈肘均衡正握杠铃在体前,双臂伸展将杠铃向上举到头顶,反复进行练习,双眼注视前方。

2.屈肘前举

双脚左右开立,脚间距离同肩宽,双手均衡将杠铃反握在腹前,双臂屈肘将杠铃上举到胸前,反复进行练习,双眼注视前方。

3.提杠耸肩

双脚左右开立,脚间距离同肩宽,双手对握杠铃中段,双臂自然下垂,将杠铃置于腹部,然后耸肩提杠,反复进行练习,双眼注视前方。

4.握杠俯身

双脚左右开立,脚间距离同肩宽,双臂屈肘均衡正握杠铃,将杠铃举至肩背上,然后上体下俯、起身,反复进行练习,双眼注视前方。

5.俯身划船

双脚左右开立,脚间距离同肩宽,上体前俯,双臂直肘在体前下方均衡正握杠铃,然后连做立圆轨迹划船式练习,注意杠铃不落地,反复练习,双眼注视前方。

6.握杠转腰

双脚左右开立,脚间距离同肩宽,双臂屈肘于脖颈后均衡正握杠铃,向左、右方向转腰,反复进行练习,随着身体的左右转动而移动视线。

7.挑举杠铃

双脚前后开步保持高位斜马步姿势,右手握杠铃一端,左手握杠铃中段,将杠铃置于体前,双脚蹬地挺身,两臂向上举杠铃直至杠铃高于头位,反复进行练习,双眼注视前方。

以上每个动作每组练习 10～20 次,共练习 3～5 组。

杠铃练习要求练习者牢固有力地抓握杠铃,动作准确有力,自然呼吸。练习中,杠铃重量可由轻至重变换,练习组数与次数可不断增加。通过该练习,可促进运动员腰背力量、胸腹肌力的提高。为保持更好的训练效果,需系统、全面地练习,并隔日进行力量练习。

(三)单杠练习

双手横握单杠,双手间的距离同肩宽,身体自然下垂或双脚交叉勾盘,屈肘引体向上,直至下颌过横杠,眼睛注视前方。每组练习 10～15 次,共练习 3～5 组。

在单杠练习中,要求练习者双手有力握杠,身体垂立,呼吸保持自然。通过此练习,可促进运动员上肢双臂肱二头肌力量及胸背肌力的增强。

(四)双杠练习

双手直肘握撑双杠,双脚交叉勾盘,然后进行屈伸肘臂练习,双眼注视前方。每组练习 10～20 次,共练习 5～8 组。

双杠练习中,要求练习者连贯有力地屈伸肘臂,上体垂立起落,呼吸保持自然。通过此练习,可促进运动员上肢双臂肱三头肌力量及胸背肌力的增强。

第二节　腿功训练

一、空踢训练

空踢训练可以使运动员对散打精踢技术要领、动作路线、踢击作用、用力次序等有进一步的熟悉,能够促进散打运动员精踢技法质量的提高,使其建立正确的动力定型,形成完全自动化的腿技。散打运动员可以面对镜子进行空踢训练,从而清楚地观察自己的动作是否正确,哪些地方需要修正,直至动作达到准确完美的程度。空踢训练的练习次数与组数要因人而异,一般每组练习 8～10 次,共练习 3～5 组。

散打运动中,任何一种腿法都适合采用空踢的练习形式进行训练,如凌空飞踹、高鞭腿、下劈腿、低位侧踹腿等空踢练习。训练时,练习者可采取慢速与快速、半力与全力、单腿空踢与组合腿空踢、高位腿与低位腿空踢、定步空踢和移步空踢等多种形式相互融合进行训练。

一般在柔韧练习后安排空踢训练,或在慢跑、四肢操、呼吸功等热身练习之后安排空踢训练,旨在通过热身,提高运动员的机体兴奋度,使肌肉内部的黏滞性降低,避免发生拉伤、撕裂伤的现象。

二、踢物训练

在散打腿功训练中,踢物训练这一方法最常用、最见效。训练中,可将地置沙袋、吊式沙袋、脚靶、手靶、腰靶、胸靶、巨型香蕉靶、立式弹簧球、墙体、高低木桩、树干等作为踢击对象。通过踢物练习,可以提高运动员的踢击力度、硬度及准确性、协调性和平衡性,使运动员对正确的着力点、时间感、节奏感、实战感等加以掌握,从而具备更好的实战能力。

踢物训练分为踢静止目标训练和踢移动目标训练两种形式。示靶时,应将顶力示靶和顺力示靶结合起来,全面提高腿技功效。练习次数和组数要循序渐进地增加,具体要因人而异。踢物时,要将目标想象成对手,并进入实战角色状态,全力以赴练习。同时,左右腿要互踢,单腿和组合腿齐练,从而获得更加平衡与全面的发展。

(一)踢击铁杠练习

面对铁杠站立,将铁杠想象成对手,采用各种腿法(如鞭腿、蹬腿、踩腿、踹腿、旋摆腿等)进行踢击练习,同时双手配合下肢练习,双眼注视铁杠。每组 10～20 次,共练习 3～5 组。

踢击铁杠练习要求练习者准确踢击,由轻到重用力,初练者戴护脚、护腿进行练习,或在铁杠上缠绕缓冲物,避免发生运动损伤,当练习水平提高时,再赤脚进行练习。

(二)踢脚靶练习

1.固定脚靶踢击法

在粗树干或木桩上捆绑单个或多个脚靶,使练习者进行单腿或组合腿(低鞭腿、踩腿、高鞭腿、中踹腿、低踹腿等)踢击脚靶练习,练习时,双手随动体周,双眼注视动力腿。每组腿法可进行 3～5 组练习,每组 10～20 次。

固定脚靶踢击练习中,要求捆牢脚靶,且靶位要呈多样性,以便提高练习者的实战能力。练习者要通过身法、步法的移变将"死靶"踢活,发力要暴猛。

2.移步脚靶踢击法

两人一组练习,一方持单个或双个脚靶在移动中变化出示各种靶位,另一方用各种腿法(低鞭腿、高鞭腿、高踹腿、转身后蹬腿等)踢击靶面,同时双手随动,眼睛注视脚靶。进行单靶、双靶、定位、移位等多种方式的练习,左右腿交换练习,每次练习时间大约为 25 min。

移步脚靶踢击练习中,要求示靶者快捷有力地出靶,踢靶者要迅速做出反应,踢靶凶狠,劲力通透。

(三)踢沙包练习

在空阔干净、平整的场地上悬挂大小适中、轻重适宜的皮质沙包。练习者面对沙包,利用散打各种腿法(鞭腿、弹腿、蹬腿、旋摆腿、踹腿、钉腿、后撩腿、点腿等)进行踢击练习,眼睛注视动力腿。每种腿法练习 3～5 组,每组练习 10～15 次。

踢击沙包时,练习者要做好充分的准备活动,集中注意力,把握踢击节奏,初练时还要戴好护膝、护脚,防止发生损伤。

(四)踢树桩练习

面对大树站立,想象树桩就是对手,用各种散打腿法(蹬腿、踩腿、踹腿、劈腿等)进行踢击练习,同时双手随动体周,双眼注视树桩。每种腿法练习 2～4 组,每组 15～20 次。

在踢树桩练习中,要求练习者准确有力地出腿,可单腿踢击,还可进行组合腿连踢。

三、负重训练

负重训练能够使运动员出腿和收腿的速度、力度快速得到提高,并且能够促进运动员平衡能力的提高。

散打运动中常用的负重练习方法有腿缚沙绑腿练习、脚套皮筋带练习、穿特制铁鞋练习等。采用负重练习方法时,一定要牢固地系好所缚物,防止其脱离伤到周围的人。练习中,以具体情况来安排练习次数与组数。一般可采用小数量、多组数练习。沙绑腿、铁鞋的重量可循序渐进地增加,以更好地贯彻由易到难、由轻到重的循序渐进训练原则。

需要注意的是,要在运动员具备了踢打技术动力定型后再运用各种负重练习方法来进行训练。

(一)杠铃练习

1.跨蹲

双腿屈蹲呈马步姿势,将杠铃置于地面,双手前后握杠铃两端,上体直立,接着直膝上提杠铃,眼睛注视前方。

2.深蹲

双脚左右开立,脚间距离同肩宽,双手握杠铃两端,将杠铃置于后颈背处,上体直立,屈膝下蹲进行深蹲练习,眼睛注视前方。

3.箭步蹲

双脚并步而立,双手握在杠铃两端,将杠铃放在后颈背上,右脚向前上步,左脚掌蹬地,身体垂直下移进行箭步蹲练习,双眼注视前方。

以上动作每组练习 8~12 次,共练习 3~5 组。

杠铃练习要求练习者身体垂立,牢固握杠,练习重量由轻至重变化,练习次数逐渐增加,从而全面提高练习者的腿部力量。

(二)矮步练习

上体垂立,双腿屈膝蹲走,同时双手各持一个杠铃片进行负重矮步练习,双眼注视前方。每组移动 20~30 m,共练习 4~6 组。

矮步练习要求练习者蹲身沉稳,灵活移步,双手牢固持杠铃片,手臂前后自然摆动。

(三)皮筋练习

1.蹲身起立

将强力皮筋的两端分别踩在双脚下,将皮筋中段挂到头颈处,双臂握拳自然下垂,接着双腿蹬地,直膝站立,将皮筋抻展进行蹲身起立练习,眼睛注视前方。每组练习 20~30 次,共练习 2~5 组。

练习时要求双脚牢固有力地踩踏皮筋,上体垂立起蹲,呼气发力。

2.仰身蹬腿

仰卧,将皮筋两端分别套在两脚上,皮筋中段挂在头颈上,同时双臂在体侧屈肘握拳,双腿依次向前蹬抻皮筋,双眼注视两腿。每组练习 15～20 次,共练习3～5组。

要求双腿充分有力地蹬抻皮筋,头颈与脚形成前后争力,连贯有节奏地完成动作。

(四)沙绑腿练习

在左右小腿上系上沙绑腿(沙绑腿重量因人而异),进行不同腿法的负重练习(负重侧端、负重前蹬等),同时双手随动于体周,双眼注视两腿。左右腿交替练习,每组练习 10～20 次,共练习 5～8 组。

要求出腿时腿法不变形,捆绑牢固。

(五)穿沙衣跑步

穿沙衣进行短距离 20 m、30 m、50 m,中距离 200 m、400 m、800 m,长距离 2 000 m、3 000 m、5 000 m 的跑步练习,同时手臂自然摆动,双眼注视前方。

沙衣由轻到重,选择在平坦宽敞、空气新鲜的场地上练习,呼吸保持顺畅,动作应轻松富有弹性,最好进行多种距离轮换练习,以全面发展下肢力量与耐力。

四、平衡训练

散打运动员容易忽视平衡训练,因此实战对搏中,运动员在使用腿技踢空时,会因失去平衡而倒地,而且发腿时不注意自身平衡而被对手轻易反击倒地的情况也比较普遍。所以加强腿技的平衡训练非常有必要。

散打运动员在施发腿技时,要平衡稳健,这主要可以从发腿技巧和"平衡功"修炼两个方面来提高。发腿时要遵循以下几点原则:

第一,支撑腿牢固抓地;

第二,双臂摆动与腿的踢击方向形成争力;

第三,出腿时身体重心要保持平衡;

第四,发腿快出快收,保证出腿准确、有力、平衡、流畅。

散打腿技平衡训练法主要有以下两种。

(一)控腿练习

控腿是将腿定格在不同高度、不同方位的静力性练习。这种练习方法能够促进散打运动员腿部自控力、平衡力及柔韧性的提高。在控腿练习中,控腿时间不等(10 s～3 min),时间越长,训练效果越好,练习中要注意两腿互换练习。

(二)活脚功练习

双脚左右开立,脚间距同肩宽,上体及双臂自然摆动,双脚依次移动变化身体重心,用脚外侧、脚内侧、脚后跟和脚尖着地进行活脚功练习,双眼注视前方。每次练习 5～20 min。

练习中要注意,双脚在原地要灵活连贯地移动,活脚功可反复循环进行静力练习和动力练习。

五、抗击训练

抗击训练能够使散打运动员的双腿更加坚硬,极具杀伤力,还可以使其腿部痛觉的敏感度降低。抗击训练有自身抗击练习和双人对抗练习两种形式。前者主要包括用双手拍打腿部、用小沙袋抽击腿部、酒瓶上下滚压胫骨、双腿相互盘踢或用圆木棒等。后者包括用木棒、橡胶管、排打弹板等物相互抗击腿部。

抗击训练中,由轻到重增加力量,由慢到快增加速度,由少到多增加数量,由小到大增加强度。切不可操之过急,乱打猛击,以防造成腿部伤损。

(一)木板拍击胫骨

屈膝跪步,上体稍向前倾,右手持木板上下拍击左小腿胫骨处,同时右手臂于体侧自然握拳,目视拍击腿。左右腿交替进行,每组练习 50～100 次,共练习1～3组。

练习中要注意,应选择平整有弹性的拍击木板,拍击力度以自身能够承受为宜。

(二)酒瓶滚压胫骨

右腿蹬在支撑物上,左腿直立蹬地,身体前倾,双手持酒瓶在右腿胫骨处上下反复滚压,目视滚压腿。左右腿交替练习,每次练习 10～15 min。

练习时要注意,有力连贯地进行滚压,双手要灵活自然地握酒瓶。

(三)二节棍拍腿

左腿屈膝下蹲,右腿伸直,脚尖上翘,上体稍向前倾,右手握胶质二节棍上下依次拍击右腿前内侧、外侧等部位,反复进行,同时左手卡在腰间,目视拍击腿。两腿交换练习,每次练习 10～20 min。

该练习要求准确拍击,用力以自身能承受为宜。

(四)跪跳练习

双腿屈膝下跪,上体垂立,双手上摆,同时身体向上跳跃,双脚落地呈半蹲式,双眼注视前方。因人而安排行走距离和跪跳次数要因人而异,一般行走 10～20 m,跪跳次数为每组 10 次,共练习 2～3 组。

该练习要求转腰摆臂,收腹挺身发力。初练时,可在草坪或软质地毯上练习,并佩戴护腿。

(五)对盘腿功练习

1.盘腿功练习法

原地或行进间用右脚依次盘踢左小腿后部、前部、内侧、外侧及左大腿前部、后部,反复进行抗击腿练习,同时上体自然挺立,双手随动,目视脚方。每次练习 20～30 min。

2.盘脚功练习法

原地或行进间用右脚依次盘踢左脚脚跟、脚内侧、脚外侧、脚尖及脚面,反复进行抗击脚练习,同时上体自然挺立,双手随动,目视脚方。每次练习 20～30 min。

对盘腿功练习要求盘踢腿有力准确地踢击,支撑腿扣趾抓地,身体沉稳,由小到大增加盘踢力量,由慢到快增加盘踢速度。

六、障碍训练

障碍训练是指发腿后穿过、越过、绕过不同障碍物的踢击方法,通过该方法可以锻炼运动员的胆量,促进其出腿准确性和自控力的提高。通常选用的障碍物有木凳、肋木、跨栏架、单双杠、擂台围绳间隙等。

障碍训练中,练习者面对不同障碍物,采用散打各种腿法(左踹腿、鞭腿、左右劈腿、踩腿、右踹腿等)进行穿绕障碍物练习,双手同时随动体周,目视腿方。左右腿互换练习,每组腿法练习3～5组,每组练习10次。

运动员在障碍训练中要专心致志,一丝不苟,发腿时先慢后快,等适应后以尽可能快的速度出腿。

七、实战训练

拳语云"既得艺,必试敌",此语对实战的重要性做了突出的强调。实战训练具体包括条件实战训练、自由实战训练和比赛实战训练等几种形式。需要特别注意的是,运动员不仅要与本队队员进行实战,还要与其他队不同技战术风格的选手进行实战训练,从而提高自身的实战能力,积累丰富的实战经验。

散打训练中,要严格按照训练要求进行实战训练,教练要在场监督指导运动员训练,避免运动员蛮干。初次进行实战训练时,应从条件分离式实战开始,之后逐步向接触实战过渡,最后进行自由实战和比赛实战训练。实战训练中应将腿之抢攻、防守及防守反击等形式融合起来练习,并且有条件的还可以用摄像机拍摄实战场景,以便训练后分析、总结与改进技战术。

对于散打运动员而言,实战训练是检验和提高自身技战术的重要方法,同时也是总结和积累实战经验的最佳手段。实战训练中,运动员要集中精力,保持充足体能,在无伤病的情况下进行训练,否则会加重伤病,无法提高技战术水平。

教练要适时、适度进行实战练习,不能频繁安排实战训练,以免运动员产生心理障碍,给其带来伤害事故。实战对散打运动员的生理和心理承受能力有一定的要求。因散打激烈对抗程度较高,在互相踢、打、摔过程中,难免会出现轻微损伤,因此在实战训练中,运动员要佩戴好护具,不能粗心大意,避免造成损伤。此外,运动员要正确对待实战中的胜败得失,及时调整心态,不要在一时的失利后就一蹶不振,影响之后的训练与比赛。

参考文献

[1]盖文亮.实用体能训练理论与方法解析[M].长春:吉林人民出版社,2020.

[2]任海.中国武术史话[M].北京:中国国际广播出版社,2020.

[3]陈善平.传统武术和健康[M].西安:西安交通大学出版社,2021.

[4]童锦锋.传统武术教程[M].北京:中国财富出版社有限公司,2021.

[5]张江华,曹电康.武术套路与技击运动[M].天津:天津科学技术出版社,2020.

[6]郭玉成,李守培.中国武术标准化发展研究[M].上海:上海人民出版社,2021.

[7]舒建臣.武术内功修炼与实践[M].沈阳:辽宁科学技术出版社,2020.

[8]高源,刘根发.中国武术发展传播及文化传承探究[M].长春:吉林人民出版社,2020.

[9]丁花阳.新时代中华传统武术文化的传承与发展[M].长春:吉林人民出版社,2020.

[10]陆小黑.新时代中国武术精神重铸及提升路径研究[M].长春:吉林大学出版社,2020.

[11]李远华.全球化背景下中国武术的传承与发展研究[M].长春:吉林大学出版社,2019.

[12]樊廷强,李文庆.中国武术[M].北京:中国书籍出版社,2018.

[13]申亮.传统武术与健体防身[M].上海:上海大学出版社,2018.

[14]冯文杰.中华武术的现代传承与发展[M].北京:中国商务出版社,2017.

[15]李娅楠.中国武术文化传承与多元发展的研究[M].北京:中国商务出版社,2017.

[16]郭纯.武术课程探析与教学创新研究[M].北京:中国纺织出版社,2018.

[17]国家体育总局武术研究院.武术功法[M].北京:高等教育出版社,2018.

[18]李德祥.中华武术教程[M].北京:中国人民公安大学出版社,2018.

[19]程啸斌.传统武术技击[M].南昌:江西人民出版社,2018.

[20]孙刚.中国武术审美文化研究[M].北京:人民出版社,2018.

[21]刘晓梅.传统武术教学与训练的创新研究[M].北京:九州出版社,2018.

［22］王继全.高校传统武术教学的发展与实践研究［M］.北京:中国纺织出版社,2018.

［23］贾俊刚.传统武术教育与项目开展管理研究［M］.北京:中国商务出版社,2018.

［24］武善锋.中国武术文化的嬗变与传承策略研究［M］.北京:北京工业大学出版社,2018.

［25］司红玉,韩爱芳.武术［M］.重庆:重庆大学出版社,2017.

［26］李翠霞.解构武术［M］.北京:经济日报出版社,2017.

［27］朱小云.中国武术发展研究［M］.北京:光明日报出版社,2017.

［28］刘阳,王鑫刚,薛铭.体能训练理论分析与专项体能训练实践［M］.北京:九州出版社,2021.